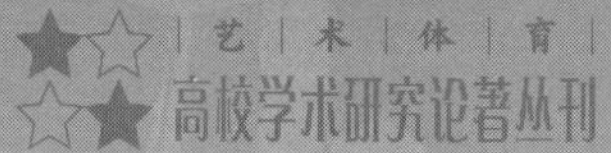

青少年篮球发展指南

李杨 著

中国书籍出版社
China Book Press

图书在版编目 (CIP) 数据

青少年篮球发展指南 / 李杨著 . -- 北京 : 中国书籍出版社 , 2020.8

ISBN 978-7-5068-7972-9

Ⅰ . ①青… Ⅱ . ①李… Ⅲ . ①青少年 – 篮球运动 – 运动训练 Ⅳ . ① G841.2

中国版本图书馆 CIP 数据核字（2020）第 171417 号

青少年篮球发展指南

李 杨 著

丛书策划 谭 鹏 武 斌
责任编辑 成晓春
责任印制 孙马飞 马 芝
封面设计 东方美迪
出版发行 中国书籍出版社
地 址 北京市丰台区三路居路 97 号 (邮编：100073)
电 话 （010）52257143（总编室） （010）52257140（发行部）
电子邮箱 eo@chinabp.com.cn
经 销 全国新华书店
印 厂 三河市德贤弘印务有限公司
开 本 710 毫米 ×1000 毫米 1/16
字 数 255 千字
印 张 18.25
版 次 2021 年 10 月第 1 版
印 次 2021 年 10 月第 1 次印刷
书 号 ISBN 978-7-5068-7972-9
定 价 89.00 元

序

篮球运动引入中国已有100多年的历史,此项运动在我国深受百姓的喜爱,也有着深厚的群众基础。我国男子篮球在世界大赛上最好取得过前八名的优异成绩,女子篮球则取得过奥运会银牌的骄人战绩。在奥运会的引领下,在职业篮球蓬勃发展的推波助澜下,我国有越来越多的青少年投入到这项运动中。

“少年强则国强,体育兴则国兴”,我国青少年篮球运动的发展,决定着中国篮球运动未来的命脉。今天,拜读了李杨的书稿,使我这位从事了30多年篮球教育和竞技管理的人激动不已。本书作者以极大的热情、严谨的学风和独特的视角研究了青少年篮球的发展规律,通过阅读、研究大量的国内外文献资料,调查、采访从事青少年篮球工作各方面的专业人士,耗费了大量的时间和精力阐述了篮球运动员体验比赛的“必修”发展道路,鼓励每个人积极参加篮球运动,促进、完善球员的“篮球生活”,吸引拥有篮球经验、喜欢篮球的“志同道合”之人作为球员、教练、训练员、管理员、球迷和裁判参与这项运动。此书的出版一定会对我国青少年篮球运动的发展提供有益的借鉴。

值此《青少年篮球发展指南》专著出版之际,送上我诚挚的祝贺与感谢!

中国篮球协会理事、南京体育学院教授、江苏省篮球运动协会副会长、秘书长,原江苏省篮球运动管理中心主任

张世林

2020年8月

本书旨在帮助、指导球员提高篮球技术水平，提升教练、家长和管理人员的指导、监督及管理能力。

本书是球员、教练、家长和管理人员的指导用书。无论你是篮球新手还是老手，我们都希望你通过本书获益。

目　录

MR.B
永远别让别人决定
什么样的人
——丹尼斯.罗德曼
NOW THEY ARE BETTER THAN ME,
BUT I BELIEVE I WILL BEAT THEM IN THE NEAR FUTURE.
金陵体育
MR.B

第一章　篮球球员的发展道路简述

MR.B外教

外教篮球学院
BASKETBALL ACADEMY
SOME PEOPLE WANT
IT WOULD HAPPEN.

篮球球员的发展道路简述

本章描述了篮球球员体验比赛中的“必修”发展道路，旨在鼓励每个人积极参加篮球运动，促进、完善球员的“篮球生活”；吸引拥有篮球经验，喜欢篮球的“志同道合”之人，作为球员、教练、训练员、管理员、球迷和裁判参与这项运动。

开始阶段：每个人都可能以不同的方式接触到篮球。我们可能是在学校生活中第一次接触篮球，也可能是在蹒跚学步的时候在家中玩篮球的模型玩具。任何一种情况都会引发我们对篮球这项运动的兴趣。

探索阶段：伴随着最初的兴趣到来的是探索阶段。在探索阶段我们可以参加学校的篮球赛，在幼年时候报名参加课外篮球教学课程，或者跟朋友们一起打篮球。这一阶段培养出的兴趣至关重要。

学习阶段：在探索阶段之后，我们对如何打篮球有了基本的了解。通常情况下，我们从父母、教练以及对手那里学习篮球技巧。许多人通过模仿他们的同龄人，或者在观看更高水平比赛当中模仿篮球球员的动作来学习篮球。

参与阶段：学习阶段之后是参与阶段，我们参与不同形式、规模的篮球运动。例如，参与本地的篮球娱乐赛、篮球俱乐部项目或在学校团队中进行有组织的比赛，或在室内及室外球场进行篮球比赛。

进步阶段：通过不懈努力，全身心投入训练，篮球技术得到提升，甚至达到大学球员水平并因此获得学校奖学金。

专业阶段：有一小部分球员具备天赋，他们有良好的身体、心理素质，且愿意全身心地投入到篮球运动中。这些优势使得他们最终在篮球运动中脱颖而出。这种球员从非专业阶段进入专业阶段，最后会成为职业篮球球员，进入职业篮球队。

为篮球而活：有些人会进入更高的平台打篮球，有些人会继续参加比赛，但热爱篮球的人最终都会进入“为篮球而活”的阶段，这些人包括继续比赛的球员，也包括教练、管理人员、球迷和裁判。

本书将详细地阐述篮球运动技巧和知识，指引每个“篮球人”的成长，指明他们未来的篮球道路。

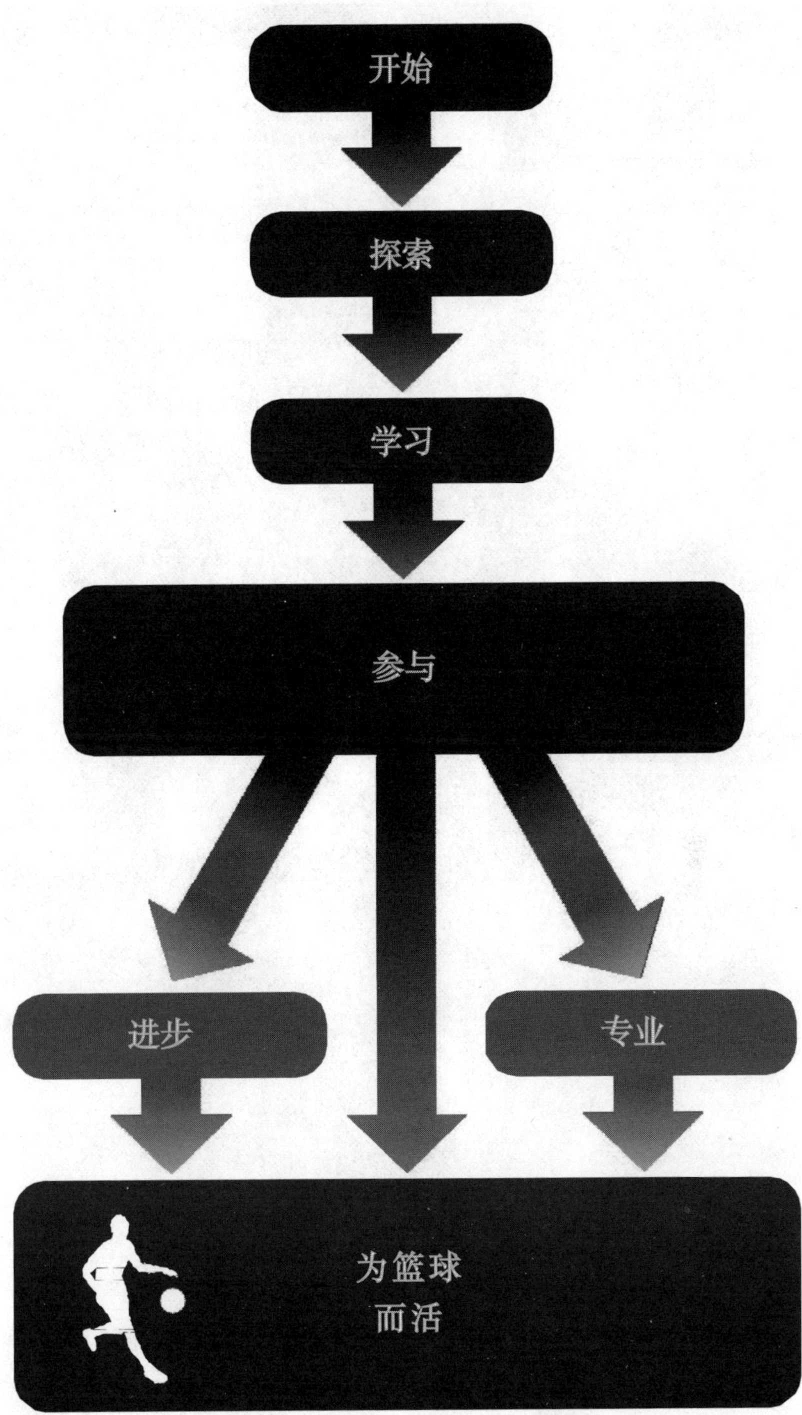
开始
探索
学习
参与
进步
专业
为篮球
而活

GEORGE
7
PARK

第二章　教练执教

下决心成为篮球教练的原因有很多。比如,一些人以前是球员,在退役后,希望继续参与篮球运动,用自己的力量回报家乡或祖国;还有一部分人,因为自己孩子在篮球队伍中,他们自愿指导孩子们的团队;也有一些人,通常被称为训练师,他们在休赛期会帮助球员训练,但不参加篮球比赛。无论什么原因让他们决定成为教练,在指导年轻球员时都需要有高度的责任感和成熟度。指导年轻球员应该是令人兴奋且有趣的。成为一名合格的教练,需要具备下列素质:

耐心:作为教练,其职责是教导球员,指导他们从错误中吸取教训。不能期望球员每次都有完美的发挥,要允许他们犯错误。这种教导方式要求教练员具备足够的耐心,只有这样才能最大限度地促进球员和球队的长期发展。

情绪控制:即使是初级水平的篮球比赛,竞争也很激烈。作为一名负责任的教练,即使知道自己在某一特定情况下是正确的,也要控制自己的脾气。作为一个球队的领导者,在与球员、工作人员、记分员和其他人的交往中,任何情况下都要克制住自己的情绪。

篮球知识储备:作为团队或私人教练,需要充分了解篮球规则和各种策略。初级水平的球赛只需要基础教学,但也要给初学球员留下一种深刻的感受,激发其继续学习篮球的热情。上述对于知识储备的需求,教练都应该具备。

时间掌控：教练员的时间掌控能力，不仅仅体现在比赛中，更体现在日常的高效时间利用上。例如，组织球员训练并执行训练计划，教导篮球基本技能，决定球员上场时间，与球员和家长沟通，等等。全身心投入到教练的工作中去，不仅会使球员获得最大的收获，同时自己也将获得更多宝贵的经验。

目标管理：在比赛中，获胜往往是最“显而易见”的目标，但无论最终得分如何，球员在努力获胜的篮球比赛过程中都能从中得到收获。一个真正优秀的教练会评估一支球队的比赛水平，设定可实现的目标，而不是只针对输赢进行评估。作为教练，要树立正确的价值观，将这些价值观作为指导原则，确定球员和球队发展目标的优先顺序。作为一名业余篮球队的教练，目标是让每个人都能有近似的上场机会；作为一名高中篮球队教练，训练目标是赢得校冠军。无论是哪种情况，都要确定目标的等级，进行目标管理。

一、提升技能

(一)训练能力

篮球球员一般都具有训练能力。这种人喜欢挑战,喜欢学习,通过学习获得提升,然后继续不知疲倦地学习。

——教练 杰诺·奥利埃马玛

教练是老师,球员是学生,篮球是主题。教练们需要球员们贯彻执行他们发布的指令。在训练、练习和比赛期间,教练要密切关注有潜力的球员。有潜力的球员往往会根据教练的教学计划进行训练,他们往往具有一些"特质"。当教练指导一支球队时,应该从每一名潜在的球员身上寻找这些"特质"。具体包括以下四个方面。

谦逊:一个谦逊的球员愿意接受并学习他们没有掌握的篮球知识。当球员不能独自完成某项任务时,他们愿意虚心接受教练的指导。

使命感:一个愿意诉说自己的目标,并愿意展示自己热情的球员通常更容易完成教练的目标。

甘愿放弃球权:一个球员愿意心甘情愿地把篮球的控制权交给另一名球员。对于球员讲,可以做出这种"牺牲"可能会改变球队的命运。

信任:球员能否了解教练的意图,执行教练的训练内容,只有在与教练磨合训练过之后才能确定。换句话说,球员与教练的信任,决定了球员的成长速度。有潜力的球员往往会信任教练,并迅速建立教练对自己的信任。

(二)交流

事实证明,大多数交流都是非语言的。作为一名教练,行动要比语言更具优势。通过姿势、面部表情、肢体语言、手势和语气，球员和教练互相发出无声的联络。重要的是，教练员必须要懂得球员想要表达的意思。

交流可以有效地传送和接收信息。在沟通的时候会遇见很多障碍，如在教练与球员，或者球员间交流中的错误信息传递等，克服这些障碍是教练必须克服的挑战。作为教练，有责任排除所有沟通障碍，保持信息的清晰有效。

以下是与你的球员进行交流的六个原则：

关心：真正关心他人，关心他人的发展和需求。

可信：优秀的沟通者始终如一，保持公正和称职。他们的行为决定了他们如何被看待和重视。

交流：沟通者始终积极，充满活力，只将挑战视为暂时的障碍。

沟通：在适当的时机进行积极沟通，使用简单直接的语言进行表达。

确认：与其他球员或小组核实一遍，以确保消息的正确传达。

倾听：给予他人回应的机会，专心倾听他人的回应和反馈。

（三）信心

信心是球员对自己篮球表现能力的自信。有些球员从天赋中获得了这种信心，而有些球员则从后期反复训练中获得了这种信心。作为一名教练，你必须为球员提供足够的信心，以激发他们对篮球运动的热情。

这里有五种方法可以提升球员信心：

1. 帮助球员接受失败的恐惧

对失败的恐惧源于球员对成功的渴望。这种恐惧基于球员对社会接受和认可的需要。教练员要与球员沟通他们的个人恐惧，指导他们接受失败，拒绝气馁。

2. 协助设定期望值

当球员将自己的期望值设定得太高时，他们就会失去信心，并可能会对篮球失去兴趣。教练员要协助球员设定合理的期望值，保持他们的兴趣。

3. 帮助排除干扰

一个球员可能会被其他事情分心。帮助球员专注于过程而不是结果，强调过程的重要性，尽量减少外界力量的干扰。例如，教导球员专注于一种特定的游戏，而不是强调这种游戏是如何赢或输的。

4. 成为球员的偶像

作为教练，应该在建立信任的过程中教导并支持自己的球员。帮助球员消除疑虑。无论是在有利还是不利的情况下，鼓励自己的球员并提出可行性方案，让球员感受到你是他们背后的强大力量。

5. 帮助球员处理挫折和失误

年轻球员犯错是不可避免的，特别是在体育领域。帮助球员面对这些挫折，让他们感到镇定。教导球员从挫折中学习，忘记挫折和失误，让球员一直都处于进步中。

（四）努力训练和遵守纪律

在篮球运动中，努力训练和遵守纪律是相辅相成的。努力训练的球员通常会有纪律感。相同，守纪律的球员通常会努力训练以实现自己的价值。作为教练，必须定下纪律守则，让自己保持对每位球员的掌控。

教练要认识到，对每一个球员来说，努力训练的定义不同。例如，具有高耐力的球员可以执行与队友相同的长跑训练，但可能发现训练没有挑战性。鼓励球员在自己力所能及的情况下去完成更加艰难的任务。相反，对于那些在训练中有困难的球员，承认这种困难和改善这种困难同样有价值。教导球员努力训练，同时教导他们有纪律地执行训练计划。

（五）领导力

领导力在篮球运动中起着重要的作用。不仅仅对于篮球运动,其在团队运动中都有着巨大作用。球队是由不同的人员组成的，这些人员都需要教练来带领。教练需要利用好各方力量来领导团队。

选择核心球员有多种方法，作为一名教练，一定要在团队中识别、培训和任命核心球员。这将有助于球员之间的协调配合，并有助于你在管理中建立威信。

球队的核心球员赢得其他球员的信任很关键。起初那些不熟悉核心球员的人会担心，不信任其能胜任核心球员的位置。教练需要向球员表明，作为他们的领导者，你需要鼓励并接受其他球员的怀疑。要向整个团队传递这样一个理念：受到审视并非坏事，鼓励有建设性意见的反馈，让自己成为更好的球员。

（六）责任

篮球教练需要告诉年轻球员责任的重要性。责任指的是做出选择，然后接受所做出的选择的结果。年轻球员常常由于环境影响做出糟糕的决定，也会偶尔为了满足自己短期的需求而变懒惰。当一个更有趣的事情出现的时候，如与朋友一起玩电子游戏，球员往往会放弃篮球的训练课。这并不一定意味着球员不想进步，只是在那一刻，球员放弃了他们在篮球方面的长期目标，以实现短期的满足。在这种情况下，球员可能会选择玩电子游戏而不是练习篮球。作为教练，在考虑球员的长期发展中，你有责任教会他们如何对自己负责，完成自己的长期目标。

让球员学会对自己负责，可借鉴以下方法：

为每个球员制订需要长期坚持的计划。在需要宽限的情况下给予宽限，对所有球员一视同仁，不偏不倚。

在纠正消极行为的同时，奖励积极行为。如果教练只承认消极行为，球员会做出消极反应，这将阻碍球员和团队的长期发展。

让球员自己做出决定，并明白这些决定对球员或团队的影响，培养球员的责任感。

对自己负责的球员比不对自己负责的球员更有能力决定对错。教会所有球员对自己负责，这样他们就可以在面对选择时做出明智的决定。

（七）体育精神和公平竞争

年轻球员应该抱以公正的态度，尊重队友、教练、对手和工作人员。面对输赢是篮球运动精神的重要部分之一，年轻人要学习应对来自父母或监护人的期待。作为教练，在某些情况下，要调整球员面对赢输时做出的反应。

很少有球员会在比赛中表现出差劲的体育精神，但是如果在比赛中出现一些不利的情况时，个别球员也可能做出不守规矩的行为。平时训练期间，通过模拟有一些挑战性的比赛情况，可以为球员在面对困难时在训练时候做好准备。例如，模拟糟糕的比赛场面，让助理教练在比赛时故意做出错误的判罚，以此观察球员做出的反应，并在赛后向有抱怨的球员解释这种情况在篮球比赛中经常发生。向所有人强调，不守规矩、抱怨裁判是错误的行为，这会在球场上分散你的注意力。

球员将教练视为他们的领袖，因此教练更要控制自己对工作人员、父母、球员以及对手的情绪，为球队树立榜样。不要让不好的情绪干预自己、助理教练或球员，从而给球队造成不利影响。

（八）团队合作

对我来说，团队合作正是我们这项运动的美丽之处，五个人必须像一个人一样协调才能取得胜利。为了胜利，你要变得无私。

——教练 老 K

团队合作是赢得篮球比赛的重要因素。每个球员和教练都有自己在团队中特定的角色，最终目标是一起实现球队的胜利。在比赛中，虽然看起来好像只有一名球员得分，这个得分其实是通过战术商讨，协调和合作后团队共同拿到的。作为教练，要培养球员相互间合作的能力，同时也需要确保每个球员都清楚他们在这个过程中的特殊任务。只有每个人都专注于自己扮演的角色，并为之努力时，才会获得胜利。

对于学习能力强的年轻人来说，团队合作能力的培养至关重要。缺乏团队经验的年轻人很少会积极向上地练习篮球。为年轻人提供团队合作的学习机会，对他们自身和对团队的发展都十分有利。

作为教练，鼓励所有球员遵循以下几点：

（1）合作。

（2）分享想法和建议。

（3）沟通。

（4）责任心。

（5）尊重和容忍不同的意见。

在团队运动的比赛中，教你的球员“我们比我强”“我们比他们强”的合作精神。鼓励球员在比赛中无私地支持他的队友。

二、教学技巧

（一）行为管理

行为管理的重点是维护团队或个人的秩序和行为。作为篮球教练或管理者，在团队中你会发现球员们具有不同的个性、行为以及心态。运用有效的行为管理技巧，使球员会专注于训练、实践、比赛或其他团队活动。

有效行为管理的关键是为每名团队成员制定清晰明确的目标，同时尽可能让球员和球员家长共同参与目标实现的过程。此外，团队可以一起讨论并商定不努力实现目标的惩罚措施。任何人，包括球员、教练、父母或工作人员如果没有做出相应努力，都应该对他们的行为负责，接受相应的惩罚。这些措施的总行动路线须由教练作为团队的领导核心来决定。

在团队管理中要建立清晰简明的目标，当球员未付出努力实现目标时，及时给予适当的批评。日常训练中需要时刻提醒个人责任感，团队之间形成一致的基调，减少在实现目标途中遇见的困难。

（二）建造自我同情

对自己有同情心和对他人有同情心有着相似的地方，就像认识并承认其他人正在经历困难的环境一样，自我同情就是认识并接受自己正在面对的困难环境。研究人员克里斯汀内夫认为，自我同情包括三个主要组成部分：对自己想法的专注、共同的人性感知，以及善待自己。教练需要让球员进行自我激励，学习并合理处理自己的情绪。

事情并不总是像球员希望的那样。使用以下五种技巧向球员传输自我同情心，便于他们处理好篮球甚至生活中的“坏”时刻：

（1）花时间向球员讲述这样一个事实：无论他们试图做什么，生活总是有高潮和低谷。让他们接受这一现实，以合理的情绪应对出现的困难。

（2）倾听球员的想法，帮助他们明确自己的感受。举个例子：“听起来你好像很生气？”“这种情况会让你生气吗？”年轻球员需要确定你在认真倾听他们的话。

（3）可以批评球员在某种情况下的行为，不要批评球员的性格。举个例子，说“这种情况导致我们失去球权，你可以做得更好”比说“你永远不听”更有效。

（4）定时讨论球员过去的行为，通过预防过失塑造未来。举个例子，讨论过去训练中的一个失误，进行总结，做出相应应对措施以防止未来继续出错。

（5）当面对不利的情况时，通过向球员展示自己的镇定来塑造自我同情心。拥有自我同情心的教练更受欢迎，他们有更高的职业标准，并向跟随他们的球员展示了更高的职业素质。

（三）批判与批评

教练要理解批判和批评这两个术语之间的区别。批判是对特定技能的评估。例如，评估一名球员在上篮练习中如何有效地利用他们的优势手。批评是基于他们所犯的错误表达了对该行为的不赞同。例如，告诉一个右利手球员，他的左手上篮效果很不理想。了解每个人这些方面的差异，对青少年篮球球员的教学和评价至关重要。

在指导年轻球员的同时，必须考虑到受训球员的心理波动。以往的很多研究都已经证明，在得到正面或非负面反馈之后，球员更可能在比赛中建立长期信心。

举个例子，我们让球员迈克尔完成了一个基本的上篮动作，在训练中，迈克尔做了 15 次右手上篮和 2 次左手上篮。所谓批判的教学是与迈克尔沟通，告诉他，他在右手上篮时做得非常好，并且相信通过长期努力的练习，他左手上篮的表现将会同样出色。这句批判的言语将会激励迈克尔进行长期左手上篮的训练。批评的例子就是告诉迈克尔他左手上篮很弱，练习左手上篮是没用的，只是在浪费时间。这句话只能阻碍迈克尔的进步，带来更糟糕的结果。

作为教练，教学期间应批判球员而不是批评球员。这种向球员提供批判反馈的方法可以培养他们长期努力训练之后的自信，使他们在比赛中会保持更高的活力，在球场内外都能表现得更加出色。

（四）建立积极的氛围

教练面临的最大挑战之一是在团队中建立积极的氛围。教练很难在球队的一切管理中始终保持积极行为，管理中会面对很多问题，比如球员之间的性格冲突，球员上场时间，球员父母的担忧，比赛的输赢等。作为教练，需要从第一天开始就与球员共同树立明确、清晰又简洁的期望目标，建立积极的氛围。所有教练、球员和工作人员都必须参与制定这些目标，如果有人违反了规定，必须承担相应的后果。

作为教练，要始终保持对团队的积极态度，认可球员的努力及进步。通过明确、清晰、简洁的期望，让球员共同参与到这个过程中。在训练及比赛期间，赞扬球员积极的行为，为球队创造积极的氛围。

（五）目标设定

作为教练，需要要求每个球员为自己设定个人目标，这一点非常重要。球队必须建立一个共同的目标，并在一段时间内完成。团队目标的内容为球员在一段时间设定的个人目标提供依据。

有了目标，球员们在他们需要改进的领域，会有坚实和坚定前进的动力，并且通过目标的实现，逐渐地接近终点线。一旦个人或团队实现了一个阶段的目标，他们便可以进一步制定更加远大的目标。

为了实现目标，教练必须参与个人和团队之间的讨论。目标设定有以下三个步骤：

（1）目标不一定要宏伟，但一定要让球员清楚自己为什么选择这个目标。例如，在观看录像时，队伍发现目前篮板球存在较大问题。球队确定了一个专注于篮板球的目标，意在改善目前的短板缺陷。教练需要时刻提醒队员这个目标，并在朝着目标前进的过程中不停地总结。

（2）明确球员在实现这一目标过程中要采取行动。例如，球队决定将集中球员全部精力，在每次投篮时阻挡对手。

（3）让球员专注于他们希望在特定时间内实现的目标。例如，在训练过程中，要求球队在进行下一次训练前必须连续抢下3个篮板。

遵循每一个步骤，球员将会逐渐成长，团队也将一起共同成长。这种成长，通常也会发生在球场之外的领域。作为教练，必须继续鼓励所有球员和球队设定现实的目标，并不断制订计划来实现这些目标。

第三章　青少年篮球运动发展课程

一、青少年篮球发展指南介绍

建立青少年篮球发展指南是为了引导和训练球员寻找适合其水平的篮球发展路径。根据运动学家伊斯特万·巴伊（Istvan Balyi）和理查德·韦（Richard Way）在他们的《球员长期发展》一书中提出的科学指导原则，篮球课程应设置一种实用、循序渐进的发展模式，通过这一模式将篮球运动方法正确地传递给球员。

青少年篮球运动发展课程包括四个层次的发展，即引导、基础、进阶和临场表现。每个层次都会让球员逐渐进步，这种进步应基于他们对篮球和运动技能的掌握，而不是他们的年龄、学校成绩或身体素质。这种掌握技能的方法可以帮助球员培养身体素质，学习篮球技术和树立必要的自信心，激发他们的篮球潜力。

如下面的章节所述，球员发展课程包括七个阶段的长期发展：主动开始，基础，学习训练，训练到训练，训练到比赛，训练到胜利和终生篮球。虽然课程的执行并不受到队员年龄的限制，但在技能学习过程中，依然需要遵循年龄的规律。青少年篮球应该顺应青少年的发展规律，将这些发展过程转化为青少年队员个人真实的学习历程。

所有与球员个人技能发展相关的活动均应被视为练习或训练。根据该定义，从以下四个层面对训练和比赛进行总结：

（一）引导阶段

学习基本的运动技能，建立全面的运动能力。每周参加一到两次篮球比赛，并参加其他体育活动，这对下一步的发展至关重要。在引导阶段，推荐参与团体技能比赛。在基本技能提高前，只介绍团队的原则和概念，避免实际的5V5的训练或比赛。

（二）基础阶段

学习所有基本的篮球技能，为全方面的篮球技能掌握建立基础。

在这一阶段，70% 的时间应花在个人基础训练上，30% 的时间花在篮球比赛上。教导球员位置的概念，但不在这一阶段分配球员的位置。在游戏（1V1，2V2，3V3，技能游戏）和 5V5 比赛之间划分界限，直到这一阶段的后程，才能去参与 5V5 比赛。

（三）进阶阶段

建立有氧基础，在训练后期增强力量，进一步提高整体篮球技术，巩固篮球技能。在这一阶段的早期，60% 的时间用于个人训练，40% 的时间用于比赛，包括 5V5 比赛、特殊比赛（1V1，2V2，3V3，技能比赛）以及团队的比赛。在这一阶段的后期，根据对技能的掌握，可以将训练与比赛的比例改为 50 ∶ 50，并可以分配球员的位置。

（四）临场表现

最大限度地提高体能，为比赛做准备，培养位置感和特定位置的技能。提高技能和表现的体能和动作储备。在这个阶段，训练与比赛的比例变为 25 ∶ 75，开始进行导向练习，为其他比赛做准备。

二、青少年篮球长期运动发展模式

后面将介绍的几个阶段是青少年篮球球员发展课程四阶段的前奏。每个阶段都被合并到适当的级别，该级别在括号中标识。

我们通常把青少年篮球比赛看作一支球队与另一支球队竞争的行为，或向球员和球队传授计策、策略以准备与另一支球队竞争。其实不然，青少年篮球认为比赛包括所有与球员技术、技能发展相关的活动。指南中所列的建议训练与比赛比率考虑到了这些问题。

（一）第 1 阶段：主动启动

（引导阶段）大约年龄：0—6 岁。

目标：从婴儿期开始，每天给儿童提供安全、舒适的环境，促使其进行体育锻炼。通过玩耍进行体育活动是儿童发展的重要组成部分。活动应该在以下四种环境中融入基本的运动技能，从而最大限度地发挥孩子的身体潜能：

（1）水中：游泳。

（2）地面：篮球。

（3）空中：体操。

（4）冰雪：滑雪，滑冰。

（二）第 2 阶段：基础

（引导和基础阶段）大约年龄：6—9 岁。

目标：学习所有基本的运动技能（建立整体运动技能）。每周参加一到两次篮球比赛，每天参加其他体育活动，这些安排对进一步提高成绩都很重要。在这一阶段，要安排大量的比赛，只在后期介绍 5V5 比赛的原则和概念，在基础得到进一步发展前，避免实际进行 5V5 比赛。

（三）第 3 阶段：学习训练

（基础阶段）大约年龄：8—12 岁。

目标：学习所有的基本篮球技能，建立全面的运动技能。在这一阶段，建议训练与比赛的比例为 70：30。以训练为主要内容，尽量不要把注意力集中在 5V5 的比赛上，直到这个阶段的后期。

（四）第 4 阶段：训练到训练

（进阶阶段）大约年龄：12—15 岁。

目标：建立有氧基础，加强力量训练，进一步提高篮球技术，巩固篮球技能。建议训练和比赛的比例为 60：40。其中，40% 的时间用于比赛，包括 5V5 比赛，特殊形式的比赛，以及团队导向的练习。

（五）第 5 阶段：训练到比赛

（进阶阶段和临场表现）大约年龄：14—17 岁。

目标：增强体能训练，提升个人和特定位置的技能。训练与比赛的比例变为 50：50。50% 的时间用于提高球员的体能和技战术水平，另外 50% 的时间用于 5V5 比赛和团队导向练习。

（六）第 6 阶段：训练到获胜

（在临场表现中体现）大约年龄：17 岁以上。

目标：最大限度地提高体能训练，提升个人和特定位置的技能。在这个阶段，训练与比赛的比例变为 25：75，要继续进行团队导向练习。

（七）第 7 阶段：篮球生活

退休 / 保留阶段（在所有阶段中体现）

目标：保留球员的篮球休闲娱乐活动，进行教学、管理、裁判和其他与篮球相关的活动。

三、渐进式教学法

（一）什么是渐进式教学

渐进式教学是一种教学理念，既注重学生个人活动，也注重团体活动。以篮球为例，要在球员个人与球队团体活动中进行教学。渐进式教学背后的理念是激发球员与球员之间的互动，以达到最佳效果。如果这种理念适用于每个球员，教练将会看到球员和整个球队表现的显著提升。与此同时，每个球员设定的目标既需要有挑战性，又需要有可行性。

为了更好地与你的团队一起进行渐进式训练，教练员必须提前逐一了解每个球员的优势和劣势。在掌握球员的特点以后，就能为每个球员设定目标并制订相应计划，帮助球员实现其目标。了解每个球员的目标也有助于制订团队训练计划。

与个人目标同样重要的是建立团队目标，为团队提供共同努力的目标。为确保目标可以实现，要求团队在每次练习和比赛中都朝着目标努力。例如，在赛季开始时，球队的目标可能是在防守后进行有效的快攻。首先通过掌握防守技巧，练习如何转身，然后通过传球来实现这一目标。确保你的球员在掌握下一步之前已经掌握了需要掌握的机能，以此来驱动训练进程。

（二）我该从哪里开始

篮球比赛有不同的组成部分。在球员发展课程中，青少年篮球将技能分为七个类别，包括控球和运球、步法和身体控制、传球和接球、抢篮板球、投篮、团队防守和团队进攻。每个球员都有自己的优点和缺点，很少有所有球员的所有技能类别处于同一水平。你可能会发现你指导的不同等级的团队，娱乐项目团队、学校团队、业余团队、大学课程选修团队，甚至专业团队，都是由不同层次的学员组成的。每个球员的篮球和技术水平决定了你将如何在整个赛季中指导和管理你的球队。

作为一名教练，首要任务是评估每名球员以及整个球队的能力。实现这一目标的最佳方法是建立并记录每个球员的技能基准。这有助于衡量球员目前在篮球场上能做什么，不能做什么。评估工作将根据不同比赛的水平而变化。

建立基准后，就可以开始为球员和球队设定目标。根据这些信息，你可以开始为本赛季制订适当的训练计划。

举个例子：

今天，通过当地的篮球社团，我第一次指导一组八岁的孩子。除了在学校的体育课上，这些孩子从未参加过球队比赛。在设计训练之前，我首先需要评估他们的水平。评估的第一项技能是三威胁姿势。我需要看看球员是否知道如何做出三威胁姿势。

在完成姿势训练后，我看到80%的球员做出了适当的三威胁姿势。因此，我认为可以继续进行基于这些基础知识的后续练习。同时，我需要留出额外的时间或指派一名助理教练教导其他20%不能做出三威胁姿势的球员，教会他们正确的姿势。

教练必须同时做出几个不同的决定。例如，“在我了解球员特定技能之前，团队应该做多少次训练？”或“如果一名球员出色完成了训练内容，下一步该做什么？”或“如果一名球员没有完成我要求他们做的练习所需要的基础知识，我该怎么办？”我们可以从其他地方找到一些建议。

（三）在确定他们理解之前，团队应该做多少次练习？

教练应该考虑许多因素。第一个因素是团队的水平。例如，高中队伍可能花在三威胁上的时间比初中篮球队少。高中团队只需要进行一两次训练来强化基础知识，但随后将很快转向更难的技能学习。相反，初中教练在教导队员先进的特定技能之前，要花费大量的时间来传授教特定技能的基础知识。

球员发展课程为每项技能提供多种练习方式，以确保球员了解、掌握特定技能。在阶段完成周期内，教练需决定训练的方式和强度。

例如,在下图中,教练决定完成所有三个“三威胁技能”训练和两个“原地运球技能”训练。

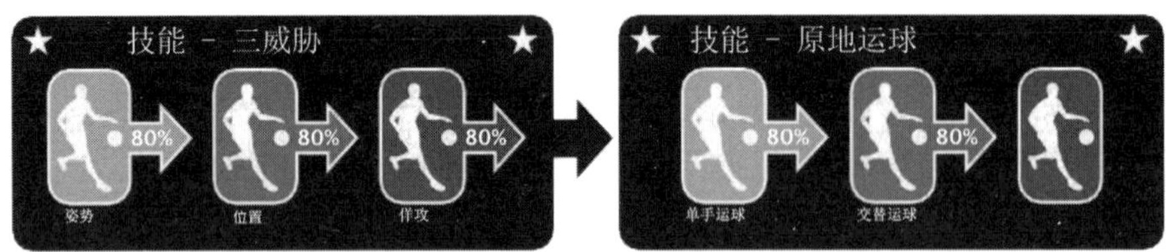

(四)差异化训练

作为一名教练,你会发现球员在训练的不同方面,有着不同的能力。差异化训练是为了挑战或满足球员和团队的需求,修改技能训练方案。例如,一名球员表现出高于或低于该组大多数球员的技能水平,在安排训练时,就要针对此队员安排更大难度的内容。差异化训练的重点是在每项技能中提供不同的训练方案,挑战每个球员的上限。水平较低的球员,可能需要在团队环境之外进行额外的培训,例如进行一些额外的私人训练等。

通常,教练意识到球队的水平可能不适合球员。你可能会发现自己指导的球员远远低于或远远高于该组的平均技能水平。作为一个教练,面对这两种类型的球员,在选择培养那个球员之后,有必要建议这个球员加入一个更适合自己的篮球训练计划。例如,为技能不足的球员推荐更基础的训练计划,为技能过剩的球员推荐更有难度的训练计划。

四、引导阶段

(一)控球和运球

控球和运球是至关重要的。这两项技能可以让球员在整个比赛场地合法带球移动。在引导阶段,采用最基本的形式控球和运球,让球员熟悉篮球。

技巧 1

1. 怎样握住篮球

· 用双手握住篮球,双手分别放在篮球两侧。

· 伸开手指,拇指指向腰部。

· 青少年球员在打篮球时,要充满自信。

重点要点

· 膝关节轻微弯曲。
· 手指形成较强的抓力。
· 抬头。
· 摊开手指，竖起大拇指。

技巧 2

2. 熟悉篮球

· 在技巧训练中,球员在手中来回移动篮球,并在动作中控制住球,建立起持球。

· 确保球员处理球时的自信心,并同时注意保持篮球的稳定。

· 一旦球员适应了这个动作,他们就能以更快的速度在手中来回移动篮球。

· 随着速度的增加,让篮球碰撞手掌,产生砰砰的声音。

重点要点

· 膝关节轻微弯曲。
· 双手控球。
· 抬头。
· 伸开手指，拇指朝上。
· 球员应该采用稳定的篮球姿势，篮球位于腰部以上。
· 大拇指外展，手像一个大的、展开的“T”型。
· 在该级别的后期，随着球员的进步，要强调使用指腹来握住篮球。

技巧 3

3. 三威胁姿势

建立了持球的球员能够正确地握住和移动篮球。在引导阶段,重要的是引入正确的篮球姿势的概念。这个特殊的姿势被称为“三威胁”,其名称源于球员的这个动作同时具有传球、投篮和运球突破三个威胁状态。

· 这项技能可以作为一个团队训练项目,每个球员都需要持球进行练习。

· 通过教练的讲解和示范,球员可以保持三威胁姿势,同时,教练可以对姿势进行适当的调整。

· 球员应该采用稳定的篮球姿势,篮球位于腰部以上。

· 大拇指外展,手像一个大的,展开的“T”型。

· 在该级别的后期,随着球员的进步,要强调使用指腹来握住篮球。

重点要点

· 稳定的身体姿势。
· 篮球位置与投篮手的腰部齐平。
· 手的姿势要正确(“T”型)。
· 投篮手同侧脚略微放在另一只脚的前面。
· 抬头。

技巧 4

4. 固定球的处理:首次运球

首次运球是个激动人心的时刻。教练需要从一开始就教导合理的运球技术,这是向球员灌输信心的关键因素。信心决定了球员继续打篮球的时间。

· 为指导正确的运球技巧,球员从三威胁姿势开始,将篮球置于球员投篮手一侧,并与腰部齐平。

· 球员进行可控式地运球,而不是简单“拍打”。

· 通过腕关节运动推动篮球(类似于投篮中的后续动作)。

· 当篮球从地面反弹回到球员腰部水平高低时，球员用手停住篮球，并开始再次下推篮球。

· 在这个阶段，球员也应该开始使用非惯用手。

· 当球员运球到达一定次数后，教练可以指导球员在三威胁姿势接球，并记录这一动作正确完成的次数。让球员的每次挑战都比他们以前的“记录”结果更好。通过参与有趣的游戏，球员更享受这个训练过程。

· 在该阶段的后期，随着球员的进步，应该鼓励他们在运球时使用手指指腹控制篮球。这是一个重要的概念，因为运球、接球和投篮时，篮球在手中的处理方式是一致的。学习了这项技能后，球员需要学习如何运球，正确方法是使球保持在腰部水平或低于腰部水平，同时保持抬头。

重点要点

- 在整个运球过程中始终保持篮球的平衡位置。
- 控制运球（禁止拍打）。
- 手腕向下运动推动篮球。
- 双手并用。
- 在阶段后期：用手指指腹控制篮球。
- 在阶段后期：运球不高于腰部水平。
- 在阶段后期：保持抬头。

技巧 5

5. 通过运球推动篮球

这是学习如何通过运球在球场上推动篮球前进的第一步。建议在步行、慢跑和冲刺中开始这个过程。

技巧 6

6. 直线运球

教会球员如何在一条直线上运球。教练可以在体育馆的地板上画出直线，确保球员在一条直线上行进。

· 教练让球员开始处于三威胁姿势，篮球位于球员投篮手的一侧。大约在腰部高度。

· 球员在用投篮手运球时，开始走直线。

· 球员调整他们的手部位置，以使其稍稍位于篮球顶部的后方，便于推动篮球向前运动。如果球员将手直接放在篮球上，篮球将不会随他们一起前行。

· 根据球员的行进速度，手的位置会有所不同。直线运球将帮助球员熟悉手部放置位置。

· 让球员说出教练在球场另一端举起的手指数，鼓励球员抬头运球。此外，鼓励球员在运球时将篮球保持在腰部或腰部以下位置。

· 在此练习中应加强之前教导的运球概念。

重点要点

· 控制运球（禁止拍打）。
· 注意手在篮球上的位置。
· 手腕向下推动篮球。
· 双手并用。
· 运球不高于腰部水平。
· 抬头。

7. 防守

在这个阶段，鉴于年轻球员的身体和心理发展规律，不建议进行防守练习。教学的重点放在增加赢球的信心。防守姿势将在“步法和身体控制”中介绍。

（二）步法和身体控制

步法和身体控制在所有的技能练习中都很重要，对于青少年球员来说尤其应该强调这一点。步法和身体控制是篮球所有技能的基础。

技巧 1

1. 停止

教练应该教会球员在良好的位置停下来并获得适当的平衡。膝关节应略微弯曲，头部应向上，双手应高于腰部，头部应平衡在双膝之间的中点。

重点要点

· 膝关节轻微弯曲。
· 双脚分开略比肩膀宽。
· 抬头。

技巧 2

2. 旋转

这项技能主要是教导青少年球员如何转身。

· 做一个枢轴，选择一只脚固定在地面（中枢脚），不发生位移只产生旋转。

· 移动另一只脚，使身体产生相应的旋转。

技巧 3

3. 跑动、旋转和身体控制

在这一阶段，青少年球员将熟悉正常的跑动、停止和触地，并学习如何转身。在这项技能中，不要关注轴心的方向。

· 停止和触地位置是执行旋转所必需的。

· 一只脚转动转轴，另一只脚推动转轴，身体旋转 180°。

· 在转向之后，球员开始按照教练指定的方向跑。跑步时，球员的手臂应弯曲，使前臂和上臂形成 90° 角。提醒球员，手臂移动越快，球员跑得越快。

· 教练应该选择场上的一个位置作为球员的目标位置。一旦他们到达那个位置，指示他们在保持良好平衡的同时进行停止活动。

· 确保球员在跑步期间采用正确的姿势。

重点要点

· 膝关节轻微弯曲。
· 双脚分开，间隙比肩膀略宽。
· 抬头。
· 单脚转动带动身体转动 180°。
· 前臂和上臂形成 90° 角。
· 跳跃停止，维持平衡。

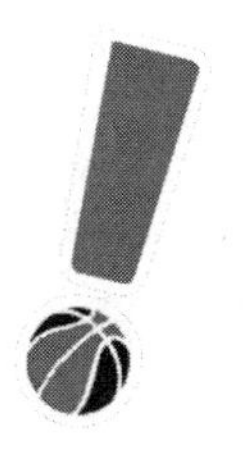

4. 防守

在这个阶段，遵循青少年球员的身体和心理发展规律，只教授了站立和身体的初始运动。此外，不练习进攻性动作；唯一的重点应放在防守所需的步法和身体控制上。

技巧 1

（1）正确的姿势。

采取适当的防守姿态，使球员有能力向各个方向移动。

· 球员双脚分开，间距比肩膀略宽。

· 双手高于腰部位置。

· 目视前方，头部位于膝关节上方，避免前倾。

重点要点

· 背部挺直，抬头。
· 脚趾朝前。
· 双手放在腰部以上。
· 膝关节轻微弯曲。

技巧 2

（2）引入横向运动。

· 向青少年球员传授动作是一个缓慢的过程，首先要确保其步法正确。

· 强调正确的篮球姿势或位置对于确保快速完成运动和控制身体至关重要。

· 提醒球员采用上述姿势。

· 确认姿势正确后，指示球员向特定方向奔跑。在防守动作中，确保球员采用滑行的步伐，而不是交叉双脚或侧身跑动。

· 鼓励球员先将脚移动到离滑动方向最近的位置，然后蹬离另一只脚。两脚不应该在滑完之后重合在一起。

· 脚尖应平行于滑行的方向。

重点要点

· 双手放在腰部以上。
· 膝关节轻微弯曲。
· 脚尖平行于滑行的方向。
· 用另一只脚蹬离。
· 滑动后不要将双脚放在一起。

More
Than
训练营

（三）传球和接球

传球和接球是重要的能力。就像持球和运球一样，这两种技能可以使篮球在整个球场上推进。在引导阶段，传球和接球是最基本的形式。

技巧 1

1. 传球

球员学会了如何正确地持球（详见持球和运球入门）后，就可以开始学习如何传球了。

（1）练习 1：双手击地传球。

· 让球员站在相对靠近目标位置的地方，对球员的位置感到满意后，进行下一部分训练。

· 站立时膝关节略微弯曲，双手握住篮球至腰部，双手位于篮球两侧，大拇指朝上。

· 向目标位置迈出一步，目标可以是教练或墙壁（不宜将队友作为目标位置），球员双手轻柔地推动篮球。

· 鼓励球员用一只脚踏出传球，同时保持中枢脚固定不动，拇指指向地面。有些人将此动作称为“倒水”动作。

· 篮球落点应该在球员与目标之间三分之二的位置。

· 更确切地说，在球员面前的地板上选择一个点，用篮球击中时，将其成功地反弹到目标位置。

· 指导球员用篮球击中选定的点，直到他们建立起击球位置点的感觉。

· 许多初学球员将尝试从头顶传球，要反复与球员强调在腰部水平传球和接球。

· 在传球结束的位置继续练习。

重点要点

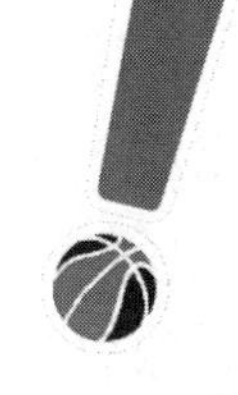

· 膝关节轻微弯曲。
· 大拇指向上。
· 迈向目标。
· 从腰部开始传球。
· 击中地面距离目标三分之二的位置。
· 保持跟进。

（2）练习 2：双手胸前传球。

· 球员应该从膝关节稍微弯曲开始，双手置于篮球两侧，大拇指指向上方，将篮球保持在腰部水平。

· 球员将向教练或目标迈出一步，用双手均匀用力，推动篮球，并将篮球从空中传递给目标。

· 拇指向下，在篮球飞行过程中形成一个下旋球。

· 球员保持中枢脚固定不动进行传球。

· 传球完成后，球员的手应直接指向目标的方向。

· 球员技术会不断进步，鼓励他们将篮球直接穿过目标，在过程中球呈直线飞行。

· 从距离较近的地方开始练习，从一开始就养成良好的习惯和技巧。

重点要点

· 膝关节轻微弯曲。
· 大拇指向下。
· 从腰部水平传球。
· 轨迹呈直线，不要传高球。
· 保持跟进。

技巧 2

2. 传球给队友

随着球员的不断进步，他们开始在稳定提高的基础上使用正确的传球技术。在这种情况下，球员可以开始练习向队友传球。

（1）练习 1：双手击地传球。

· 传球球员应该以三威胁姿势开始，面对队友，以队友为目标完成上面介绍的双手击地传球。

· 接球的队友双手应放在腰部水平，时刻做好准备接住传过来的球。

· 球员应该在一个双脚起跳位置上抓住篮球后，让自己处于三威胁姿势。

· 球员切换传球和接球的角色。

· 此时，球员可以开始彼此沟通，主动要球并发出篮球传递给谁的信号。

重点要点

· 在三威胁姿势开始和结束。
· 进入传球区，靠近接球手。
· 在腰部水平面传球。
· 朝着地板上的直线正确跟进。
· 接球手双手展开准备接球，接球跳停。

（2）练习 2：单手击地传球。

球员适应了双手击地传球，就可以进行单手击地传球练习。

· 基本原理保持不变，身体处于三威胁姿势，有节奏地向目标移动，过程中注意步法。

· 手上篮球的位置会略有不同。完成传球的手将从篮球的一侧移动到篮球的正后方，手腕向后弯曲，拇指形成“T”型。

· 另一只手或引导手保持在篮球的一侧以便控制。

· 球员向前迈一步，手在篮球后面推动篮球，将四个手指推向地板，在后续动作中将手指直接指向地板。

· 鼓励球员用双手传球，同时一只脚踩出，保持中枢脚固定不动。

· 接球的球员应保持与上述相同的基本原则。

重点要点

- 在三威胁姿势开始和结束。
- 进入传球区，走向接球手。
- 在腰部水平面推动传球。
- 正确跟进，朝向地板的位置点。
- 接球手双手接球，接球跳停。

技巧 3

3. 胸前传球

随着球员的进步，开始学习胸前传球给队友。

（1）练习 1：双手胸前传球。

双手胸前传球的原理类似于上面描述的双手击地传球。

·从三威胁姿势开始，面对队友，两球员之间保持适当的距离，在保持完成技术要求的同时用双手完成胸前传球。

·再次强调，接篮球的队友应该提供一个在腰部水平面上的双手目标，以接到达的传球。这名球员应该在跳停位置抓住篮球，并立即建立三威胁姿势。

·鼓励两个球员之间进行沟通。

重点要点

- 在三威胁姿势开始和结束。
- 进入传球区，走向接球手。
- 在腰部水平面上传球。
- 适当跟进。
- 接球手提供双手目标，接球跳停。

（2）练习 2：单手胸前传球。

单手胸前传球与双手胸前传球的主要区别是手在篮球上的位置。

·将手直接移动到篮球后面，手腕向后弯曲，引导手护在一边，拇指形成一个“T”型。

· 走向目标，推动篮球，直接传向队友。

· 鼓励球员在没有高球的情况下做出强有力的传球。特别是当球员处于初学阶段时，培养球员双手并用，用一只脚踏进传球区，同时保持中枢脚不动。

重点要点

· 从三威胁姿势开始和结束。
· 进入传球区，走向接球手。
· 在腰部水面上传球。
· 接球手提供双手目标，在跳停时接球。

进攻原则：接球

技巧 4

4. 接自己的球

应该教会球员用手接住篮球，而不是用胸部和手臂围住篮球。青少年球员的本能反应一般是围住篮球，不是伸出手抓住它。在形成坏习惯或不正确的技术之前纠正这种错误行为很重要。

（1）练习 1：接住自己的运球。

· 让球员运球，努力在带球的最高点接球。

· 球员应该用双手抓住篮球，并将手放在篮球的两侧。

· 一旦接住篮球，球员应保持抬头姿势，他们的身体姿势应如“控球和运球”中的“技巧 1”中所讨论的那样。

· 鼓励球员通过接球来控制篮球（抓住球而不是立即再次运球）。应该保持较大的握力，大拇指向上。

重点要点

· 加强抓握篮球 。
· 在运球最高处用两只手抓住篮球。
· 在接球时控制篮球（加大握力，伸展手指，大拇指向上）。

（2）练习2：接自己的反弹球。

一旦球员适应了接球，让他们接反弹球。

· 球员应该对着墙进行初次传球，练习控制篮球的速度。

· 让球员用双手接住在墙上反弹回来的篮球。

· 篮球反弹后，球员可以继续抓住篮球。

· 在学习接球时，球员应该用双手摆出一个“W”字；“W”的中点是拇指。“W”字将促使球员们靠拢双手。

· 对此技能熟练后，球员可以向前行进到靠墙位置，双手胸前贴墙传球，这可以给球员一个更强有力的反弹球。

· 继续练习，确保他们使用“W”姿势来接球。

重点要点

· 强化练习抓握篮球。
· 用双手接球。
· 在接球时控制篮球（握力强，伸展手指，大拇指向上）。
· 用双手摆出一个“W”形，摊开手指。

技巧5

5. 接教练的球

（1）练习1：接教练的反弹球。

· 让球员处于平衡的姿势，膝关节微微弯曲，双手举起，在胸前形成一个“W”，准备接球。

· 教练作为传球人，把球掷向地面，通过击地反弹，传球给球员，篮球尽可能靠近球员的“W”目标。

· 让球员用双手接球，控制篮球后立即建立三威胁姿势。

· 在球员逐渐获得信心后，教练可以改变传球的速度和位置，要求球员移动他们的手接球。

重点要点

· 膝关节轻微弯曲。
· 用手在胸前创建“W”目标。
· 双手接球。
· 接球控球。
· 接球后处于三威胁姿势。

（2）练习 2：接教练的胸前传球。

当球员可以熟练接反弹球后，继续进行接胸前传球的训练。

· 掌握了基本技能后，改变传球的速度和位置，继续挑战球员。

· 将篮球保持在腰部左右水平，远离他们的脸。

重点要点

· 膝关节轻微弯曲。
· 用手创建“W”目标。
· 双手在腰部水平抓球。
· 接球控球。
· 接球后摆出三威胁姿势。

技巧 6

6. 接队友的反弹球和胸前传球

球员在可以熟练接教练传球后，开始与队友一起练习传球和接球技巧。

· 提供一个双手“W”目标，用于腰部传球，球员应该在跳停时接住篮球，并立即摆出三威胁姿势。

· 技术熟练后，球员可改变节奏，相互传递信息。

· 队友在传球和接球时可以相互沟通。

· 教练员在传球的开始阶段，要培养球员养成好的动作习惯。

重点要点

- 膝关节轻微弯曲。
- 用手创建“W”目标。
- 用双手抓球。
- 接球控球。
- 接球后摆出三威胁姿势。
- 后期训练：改变节奏、球员沟通。

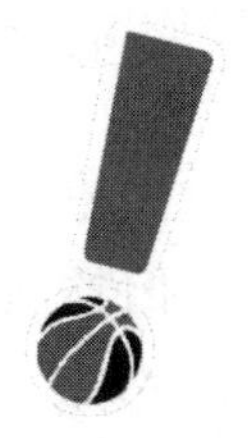

7. 防守

在这个阶段，如果青少年球员技术不够纯熟，不推荐开始防守传球训练。在进行防守传球训练之前，重点是建立球员对传球和接球的信心。

(四)抢篮板球

无论是进攻还是防守,篮板球都是篮球教学中的一个重要方面。但篮板球的教学不应该在引导阶段前完成。在引导阶段前,球员必须先掌握如何用双手抓住篮球,教练应该专注于教学有助于此的基本技能,例如身体控制、跑动、停止和跳跃。

技巧 1

教青少年球员跳起来并用双手抓住或抢夺篮板球。在引导阶段中,这是年轻球员需要发展的主要技能。

· 球员应该将双臂完全伸到头顶上方并用双手抓住篮球,然后用力向下拉动篮球。

· 篮球应与下颌平面保持平行,伸出肘部保护篮球。

· 指导球员从站立跳跃位置抓住篮球,然后从一步跳跃位置抢球。

重点要点

· 在跳跃时膝关节弯曲,增加弹跳高度。
· 双臂充分伸展。
· 双手放在篮球上。
· 把篮球举到下颌处。
· 当篮球被抢下时,头和下颌都抬起来。

NOW THEY ARE BETTER THAN ME.
BUT I BELIEVE I WILL BEAT THEM IN THE NEAR FUTURE.

（五）投篮

比赛的目标是得分，投篮是打篮球的必要基础，学好投篮是最重要的。如果在球员的发展早期就形成了不正确的习惯，那么以后就很难纠正。因此，无论球员的力量或体型如何，在此阶段强调正确的投篮技术至关重要。

技巧 1

1. 基本的投篮动作

小结：这项训练中暂时不使用篮球，球员学会正确的技术后再加入篮球进行训练。下面的训练可以分组练习，面向教练或在篮球场三分线周围练习。教学基本投篮动作时，使用首字母缩略词“B. E. E. F”会有所帮助，字母分别代表平衡、肘部、眼睛和一气呵成。

（1）平衡。

· 两脚之间距离应与肩同宽或略大于肩宽。如果两脚之间距离过窄，球员可能会失去平衡。

· 脚趾向前，朝向篮筐或教练。

· 膝关节轻微弯曲，背部挺直，头部在臀部正上方，或略在臀部前方。如果头部过于向前，球员将难以保持平衡。

· 肩膀应与篮筐或教练平行。

· 在这些动作中要保持身体的平衡。教练可以稍微轻推球员的肩膀，测试他们在这种姿势下的平衡性。

（2）肘部。

· 在投篮的初始阶段，投篮手的肘部应该靠近球员的身体，投篮过程中肘部不应该外展。

· 当球员抬起手臂开始投篮时，肘部应与脚趾和膝关节保持在一条直线上。当投篮手抬起时，肘部将呈“U”型，而不是“V”型。

·必须强调肘部保持垂直。如果肘部外展呈现类似“鸡翅膀”样，则击球时将会更多地在水平方向推动。稍后引入篮球进行训练之后，这种不正确的技术会导致篮球在空中产生平坦的轨迹，而无法形成正确的拱形轨迹。

（3）眼睛。

·尽管此技能不涉及篮球的使用，但仍然需要指导球员正确的眼部活动技巧，以使他们为以后的课程做准备。当球员们在以后的比赛中投篮时，许多人会希望观看篮球在空中的飞行弧线。但这是不理想的，因为它会影响投篮的技巧而影响得分。

·投篮动作一旦开始，球员的眼睛应聚焦并锁定在篮球筐的边缘。关于最佳焦点是在篮筐的前部、中部还是后部，有很多讨论，但是确切的位置并不是最重要的，保持一致性才是。球员选择要关注的位置后，每次投篮目光都应锁定在同一位置。

·球员在完成投篮动作后，应将自己的视线停留在选择的位置上几秒钟。这样在没有加入篮球训练的情况下，可以形成一个良好的习惯，因为一旦引入篮球，从投篮动作开始到篮球穿过篮筐，球员将习惯专注于所选观察位置。

（4）一气呵成。

·一气呵成可能是学习投篮中最重要的因素。

·在篮球飞行过程中，指导球员保持正确的跟进姿势几秒钟，直到篮球到达篮筐。

·投篮手的肘部应在耳朵前方，以在投篮时产生正确的弧度，手腕应快速向前和向下压，一旦加入篮球，这样的动作就会产生后旋。旋转很重要，因为它将使篮球有机会在篮筐上反弹后得分，因此称之为“投旋转球”。

·在一气呵成的过程中，球员手腕固定，四根手指应该指向地面。中指是整个过程中最后一个触碰篮球的手指。让球员做假装踮起脚尖，尝试从头顶上方的罐子里抓一块饼干的动作，这样的动作会帮助球员训练正确的姿势。

·年轻球员保持这个姿势,在篮球击中篮筐几秒钟后,为他们的投篮动作拍摄一张照片。

重点要点

·专注于未加入篮球的空手动作训练。
·使用 B.E.E.F 概念。
·通过分解练习,逐个击破每个技术要点。
·从训练初期就养成良好的习惯。

技巧 2

2. 跪姿投篮

在这个阶段应该引入篮球,但先不要让球员们使用篮球练习。

(1)练习 1:单膝跪地,单手持球。

·球员单膝跪地,背部挺直,与目标成直角。跪地腿与投篮手为相反侧。换句话说,用右手投篮的球员应该左膝跪地,右腿前置。教练应仔细观察球员的身体平衡性,确保他们在整个训练过程中没有向任何方向摇摆。

·球员将篮球保持在腰部前方,投篮手置于篮球下方,辅助手置于后背处。篮球应放在指腹上,以使篮球和拇指之间存在一点间隙。

·球员抓住篮球后,指导球员将篮球从腰部举到肩部,在这个过程中转动手腕,直到手指指向后方结束。这有助于球员进行运动控制,并理解使用指腹的重要性。

·肘部应呈"U"型,与投篮手侧的膝关节平行,手腕后翘。确保球员通过保持正确的篮球姿势来领悟投篮的节奏。在允许球员向上投篮之前,在这个位置稍作停顿,以做出一些动作修正。

·在投篮动作结束时,肘部应略微放在耳朵前方,通过中指引导后续动作,四根手指指向地板,就好像从头顶上方的罐子里取出一块饼干一样。

·在篮球击中地面之前,眼睛应保持在目标上。理想情况下,产生正确的下旋球时，篮球在弹回地面后就会向投篮者靠近，这样投篮者就可以在不移动的情况下抓住篮球。

· 教练应该意识到，刚刚学习这项技能的球员，对篮球的轨迹掌握并不准确。很多时候篮球会垂直向上运动，要提醒球员不要击中自己的头部。

（2）练习 2：单膝跪地，双手持球。

· 随着球员对单手练球的适应，开始合并辅助手进行练习。辅助手应该只是起到辅助的作用。

· 在这个技术水平上，球员更倾向于双手投篮，双手平均用力推动篮球，要纠正他们这样的动作，使用标准的投篮动作。辅助手应放在篮球的侧面，拇指在篮球上形成一个宽大的“T”型。

· 让球员重复以上练习，加入辅助手。当球员将篮球从腰部提升到头部时，辅助手要保持在篮球的一侧以协助控制。

· 停止辅助手动作，只允许投篮手完成后续操作。辅助手是投篮动作的一部分，应保持在头顶，直到篮球落地。重要的是，在投篮之前，鼓励球员正确使用辅助手，以免养成不良习惯。

· 当球员可以单膝姿势正确使用他们的辅助手时，开始指导他们双膝跪姿投篮，即坐着，臀部放在脚跟上。从这个姿势开始，做同样的手臂动作，在投篮的时候从坐姿上升到跪着、直立的姿势。

重点要点

· 专注于动作细节。
· 将篮球从腰部抬高到头部时，注意控制篮球。
· 在使用双手投篮前，确保单手的正确动作。

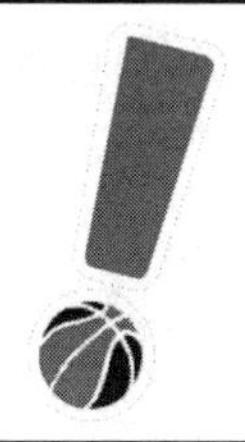

技巧 3

3. 站立投篮

（1）练习 1：单手投篮。

· 双脚应保持适当的距离以维持平衡，如上面的技巧 1 所述，肩膀应朝向目标的方向。

· 球员将篮球放在腰部，投篮手放在篮球下方。通过完成以上描述的动作，完成投篮。

· 介绍腿与上身的协调配合动作。训练初期，球员不要跳动。

· 与跪姿训练时相比，使用双腿后，投篮的力量会增强，篮球在空中的轨迹弧线会更好。

· 随着球员技术的进步，在他们面前的墙上提供一个确切的位置，让他们持续不断的击球。教练要随时指出球员的错误，教导球员使用指腹的重要性，这有助于球员培养持球。

（2）练习 2：双手投篮。

· 球员学会单手投篮后，就开始训练双手，把注意力集中到投篮手和辅助手。

· 随着球员技术的进步，让他们挑战球的落地位置，要求他们使篮球落到地板上的同一位置，练习投篮的一致性。

· 适当的下旋会使篮球直接反弹到球员身上，让他们在移动中接住篮球。

重点要点

· 从始至终关注动作细节。
· 注意双腿与上半身的协调。
· 进行双手投篮前确保单手能够稳定操作。

（3）练习 3：单手对着墙投篮。

· 让球员开始朝着一个目标投篮。训练初期，可用一面墙来完成投篮。

· 指导球员站在距离墙大约 1.5 米远的地方，面向墙壁，保持平衡。球员注意使用前面学会的动作要领。

· 教练应注意，在目标引入后，球员往往会忽略了正确的技术，专注于击中目标。在这个阶段需要强调技术的正确性。

· 跟进是一个重要技巧。提醒球员肘部应该在耳朵前方，这样的动作有利于篮球在空中时形成适当的拱形路径。

· 随着球员技术的进步，在他们面前的墙上提供一个确切的位置，让他们尝试以一致的动作投篮。

· 训练后期，让球员练习用双手对墙投篮。

重点要点

· 从始至终关注技巧细节。
· 注意适当跟进。
· 随着熟练度的提高，鼓励动作一致性。

技巧 4

4. 定点投篮

如果球员在后续学习中遇到困难，建议使用此训练方法。

· 当球员躺在地上时，他会将投篮手臂分开，全身心专注于投篮。

· 让球员躺在地上进行投篮，教练或指导员应该站在球员前方。

· 用球员的手指腹触碰篮球，将投篮手举过头顶。手臂应该稍微弯曲，肘部形成一个“U”型。确保球员的手肘保持在身体的一侧。

· 从这个位置开始，让球员开始投篮动作，四个手指指向地板，篮球应该投向教练，然后回到自己手上。

· 处于这个位置，球员可以很容易地看到篮球的旋转，保证已经制造了后旋。

· 球员学会单手操作后，再开始使用双手。

重点要点

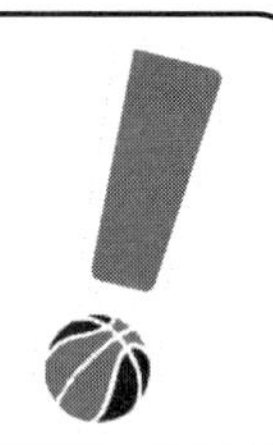

- 用指腹接触篮球。
- 肘部为“U”型。
- 手腕、四指指向地板。
- 后旋。

技巧 5

5. 投篮训练

球员建立了一套固定的投篮动作后,就可以向篮筐投球。训练初期使用低于一般标准的篮筐进行练习对球员是有益处的,尤其是在球员没有足够力量或者是没有适当距离感准确投篮时。

(1)练习 1:单手投篮。

· 仅使用投篮手,根据上述介绍的动作进行练习。

· 训练目标是继续养成良好的投篮习惯,而不能只为了追求准确率,忽视技术变形。

· 鼓励球员每次投篮时将注意力集中在篮筐的同一位置。

· 强调投篮手的中指应该是在跟进过程中最后接触篮球的手指。

· 保持跟进,直到篮球落地。在这个阶段,鼓励和加强正确的投篮技巧,不要追求投中的次数。

(2)练习 2:双手投篮。

· 球员习惯单手操作后,开始进行双手训练。时刻提醒球员,辅助手的作用仅仅只是辅助。

· 确保球员协调使用他们的上身和下身。这对投篮球员的后期成长尤为重要,在此阶段可以扩大投篮的范围。

重点要点

- 从始至终关注动作细节。
- 鼓励正确的技巧而不是投中次数。
- 同时使用他们的上下半身。

（六）团队防守

在球员理解并能够正确地执行个人的防守技能后，教练开始将他们组织在一起，讲授团队防守的概念。篮球的主要防守目标是阻止对手得分，在这一过程，我们关心的是正确的站位和防守进攻球员的能力。

技巧 1

· 教导球员理解在有球和无球的情况下，都要强调防守进攻球员。

· 青少年球员需要在 1V1 的情况下练习控球能力，在这一阶段不要引入多人防守的概念。

· 防守球员在 1V1 的情况下要处于进攻球员和篮筐之间的位置。

· 进攻球员的任务是在不被防守球员触碰的情况下，移动到球场的底线附近。

· 带球到教练面前，将球从三分线区运球到篮筐。

·可以进行 2V2 或 3V3 的练习，每个进攻球员都持有一个球，从球场上的某一个点位开始。一名进攻球员开始带球向篮筐下运球，而防守球员则站在球和篮筐之间。进攻球员在教练的指挥下开始带球进攻动作。

· 将训练扩大到全场——让进攻球员在没有球的情况下，从底线开始使用“V”型切入，然后转向底线的另一边。当进攻球员改变方向时，防守球员用下降步与进攻球员保持一臂距离。

重点要点

· 一对一盯人时，防守球员应与进攻球员保持适当距离。
· 防守球员挡在进攻球员前面时，需要保持正确的身体姿势。
· 防守球员在防守运球时，应保持一只脚在前一只脚在后。
· 防守球员应尽量保持双手向下以阻止膝下运球。
· 比赛时，防守球员与进攻球员保持一臂的距离，不要触球。
· 眼睛应该盯着进攻球员的腰部，而不是球或头部。
· 进攻球员须站在球场的三分之一处，采用“V”字型移动进攻。

（七）团队进攻

球员理解并能够执行本等级中所解释的个人技能，教练开始提供进攻战术指导。进攻的主要目标是得分，当篮球有效地在球员之间传递时，最容易得分。在这个阶段，教练应该专注于教导球员如何在各种进攻情况下感知队友在场上的位置。

技巧 1

1. 正确的场地和位置意识

协调进攻时，最重要的概念是保持球员在球场上位置的平衡分布。要做到这一点，球员必须充分了解他们的队友的站位。

· 该阶段从站在球场上的三名球员开始。

· 在教练指挥下，球员在半场线上开始，确保他们知道队友所在的位置。随着球员技术的进步，球场上的球员数量增加到 4 个，然后再增加到 5 个球员。

· 为了形成正确的场地意识，经常让球员在教练的指挥下与队友交换位置。

· 球员分散在半场上时，教导队员将篮球传给一名队友。如果球员间的距离保持了适当的分散程度，球员能够轻松地将篮球传给队友。

重点要点

· 球员之间须相距 3.5 米，避免犯规。
· 让球员在正确的位置上互相传球，然后接反弹球。
· 当球员在球场上切换位置时，应该通过举手或言语来通知队友位置的变化。
· 可以在完成一定数量的传球后，由持球球员进行投篮。

技巧 2

2. 识别球场上的区域

· 一旦球员知道队友的位置，教练就可以教每个球员识别场上的区域和基线，如侧翼、高位、低位、罚球线及其他区域。

· 在球场上的五个区域中的每一个区域设置基线，如侧翼、罚球线、低位、高位等区域。五名球员从基线开始，每个球员跑到一个区域并站在篮球旁边。重复直到所有球员跑过所有位置。

· 由教练指出球场的某个区域，球员必须跑去填补这些位置。球员拿起篮球立即进入三威胁姿势。在这部分的训练中，球员不进行投篮。教练应该先口头叫出一个位置，然后依次叫出五个位置。当教练叫出位置后，每条线的前方球员将填充球场上的相应区域。

· 在训练中，球员冲刺到被叫区域，拿起篮球并投篮。让其余球员收起投篮后的篮球，保持场地平整，保证练习的持续进行。

· 一旦出现提示，五排中的第一个球员跑到一个区域，但不捡起篮球。教练喊出其中一个位置，球员到达那个位置，拿起球进入三威胁姿势。教练会叫出一个位置让其他球员传球给他，接到传球的球员进行投篮。

重点要点

· 教练指出球场的某个区域，球员冲刺填补位置。
· 提醒所有球员进入三威胁姿势，时刻面对篮筐。

技巧 3

3. 移动传球

· 在此阶段，传球球员必须传球给向篮球移动的球员，不能传给远离篮球方向的球员。

· 为了避免拥挤，球员之间应该有适当的间距。鼓励两名球员面向篮球移动，两名球员背向篮球移动。

· 通过让球员与另一个区域中的球员交换位置来强调移动的重要性。鼓励团队合作。

· 教导球员使用提示动作来暗示其他球员。如，拍球或大喊“开始”都是很好的暗示方式。

重点要点

· 通过拍球或喊“开始”来开始动作。
· 保持适当的间距，避免拥挤。
· 接球球员必须向篮球方向移动。
· 所有球员都应该做好接球准备。

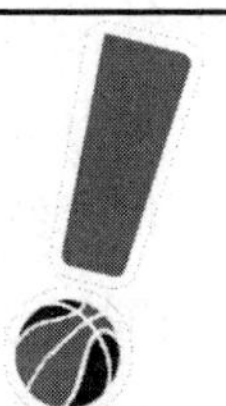

技巧 4

4. 控制间距

· 教导年轻球员，使其理解调控球场上的间距对于球队的重要性。

· 教练可以使用标志物在球场上做标记，向各球员传授间距的概念。标记应间隔摆放，距离约 3.5 米。指示球员按命令冲刺到标记位置。

· 给每名球员一个标记物，组织球员在球场底线处排队。排在第一位的球员将把标记放在球场上的任何位置，然后站在球场上，队伍中的下一位球员将距离第一个标记大约 3.5 米的地点放置标记物，直到所有球员完成。

· 球员将球传给最近的队友，让球员尝试将球传给更远位置的队友。较短距离传球容易，长距离传球难度更大。

重点要点

· 向球员展示 3.5 米的距离。
· 鼓励短跑冲刺。
· 鼓励短传，不鼓励长传。

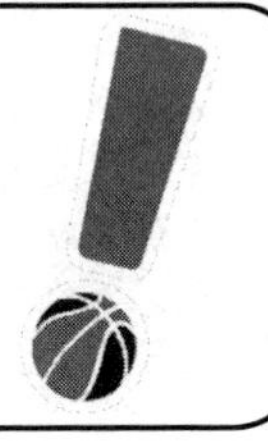

技巧 5

5. 从防守到进攻

· 当球员掌握适当的间距和球场上的位置后，开始从防守到进攻的过渡训练。

· 在球场上放置 5 个标记物，以标记球场的 5 个不同区域——2 个外侧球道，2 个内侧球道和 1 个中间球道。

· 让球员在球场的一端排成五列开始练习，在不持球的情况下，由教练指挥，让每条球道上的第一个球员保持在自己的球道的同时，向相反的基线冲刺。

· 球员应该轮换路线，让每个球员在每个球道上练习转弯。每名球员都跑完所有球道后，训练结束。

· 持球进行相同的练习。在中间的球道持球练习，在外面的两个通道传球，传球要在移动冲刺过程中进行。

· 内线球员在中间球道上练习传球，同时练习冲刺。与此同时，两名外线球员练习运球。

· 3 名选手在中圈内做好练习准备，教练将把篮球传给其中一个球员，这名球员将在中间球道运球，而其他两名球员从外面的两条球道冲刺到另一端。如果合适的话，以上篮结束这个过程。

· 5 名球员继续此练习，其中一名内线球员冲刺至低位区域，另一位冲刺至高位区域，运球球员将球传给外线球员，之后再将球传给后场球员。

· 在这个练习的最后阶段，中场球员运球到球场的基线，另外 4 个球员在他们的球道上跑位。运球球员自主选择传球给谁。

· 持续练习，直到所有球员都有机会参与所有球道的训练。

重点要点

· 鼓励所有球员张开双手时刻准备，目光盯着球。
· 保持球员间的适当间距。
· 强调准确短传，不鼓励长传和过度运球。
· 让球员在每条球道上轮换多次。

MORE THAN BASKETBALL
诺天王#
DIRK
NOWITZKI
30

MR.B

五、基础阶段

(一)持球和运球

概述：持球和运球是至关重要的。这两项技能可以让篮球在整场比赛中有序推进。在基础阶段，持球和运球会影响参加2V2、3V3、4V4，以及5V5对抗的球员表现。

技巧1

1.和队友一起处于三威胁姿势

·和队友一起处于三威胁姿势是培养团队配合的有效方式。教练员与球员搭档，让球员排队站立在球道线上。

·球员将从三威胁姿势开始。

·提醒球员投篮时脚应稍向前，站在合适的位置。

·篮球应该放在腰部以上，使用指尖而不是手掌持球，手指应该展开。

·拇指应形成一个大的，展开的"T"型。球员的头要抬起来，看着站在他们对面的队友。

·从三威胁姿势开始，教练将让球员执行所有三个选项：运球、传球和投篮。

·在传球和投篮时，球员间应配合他们的队友。

·要强调使用指尖接触篮球，增加持球。

·教练鼓励球员将篮球稍用力击向地板，确保运球的稳固感，获得运球的信心。

·球员时刻保护篮球，对抗防守球员的干扰。方法是将前臂向自己的防守球员方向旋转90°，将手臂放在与胸部同高的位置，以保护自己手中的篮球。

·教练可训练球员在不同的高度运球，提高对球的控制力。通过这种练习，有助于提高运球水平，增加指尖和手腕动作的力量和熟练度。

重点要点

· 寻找合适的位置。
· 指尖控球。
· 手腕动作。
· 保护手中的球。
· 传球和投篮。

技巧 2

2. 持球练习

持球练习是一种有效且有趣的方式,可帮助球员在移动篮球时提高舒适度。在训练中进行以下练习,可以培养球员临场发挥的自信心。以下是一些例子:

(1)练习 1:直臂持球。

· 指尖控制篮球。

· 球员从一只手到另一只手,尽可能快地敲击篮球。直接在胸前进行,反复练习。

· 指导球员用指尖和手腕动作使篮球成功前后移动。

· 在进行此次练习时,球员手肘要伸直,手指和手腕分开。

· 球员熟练度提高后,让球员将篮球调整到头顶,完成相同的动作,再将篮球转移到腰部。

· 教练在训练时,随机移动篮球位置。

· 球员注意手部位置,在不同位置完成训练时,确保手中的篮球不掉落。

重点要点

· 指尖控制。
· 手腕动作。
· 肘部保持笔直。
· 抬头。
· 膝关节轻微弯曲。

（2）练习2：身体环绕练习。

这种训练以拉伸姿势开始，膝关节略微弯曲。在这一过程中，使用指尖控制篮球非常重要。教练需要鼓励球员保持身体不动，不能随着篮球路径做圆周运动。

· 球员围绕腰部顺时针旋转篮球，篮球不能掉落到地面。

· 当球员完成顺时针控球后，切换到逆时针控球。

· 球员围绕头部和膝关节进行练习。根据能力的不同，球员可以单膝左右移动篮球，也可以双膝并拢移动篮球。

· 教练可以另外创造新的练习模式。

· 随着球员的不断进步，鼓励他们以更快的速度进行训练，并注意保持抬头。

重点要点

· 指尖控制。
· 膝关节轻微弯曲。
· 抬头。
· 先学技术，再练速度。
· 保持躯干竖直。

（3）练习3：膝部环绕练习。

· 教练教导球员以圆周运动围绕膝关节进行篮球训练，移动双腿，篮球不偏离圆形路径。

· 球员进行此练习时，略微弯腰，保持抬头姿势，避免上半身不必要的移动。在训练期间，禁止球员以“摆动”的方式移动背部。

· 步法训练从两只脚放在同一个点开始，我们称之为“基准姿势”。球员控制篮球围绕双腿运动，将右脚向后伸直，篮球将仅在左膝周围移动。

· 接下来，球员将右脚移回到基准姿势，并在两个膝关节周围完成一个圆圈。在完成圆圈后，球员将向后移动左脚并远离基准姿势，允许球员仅在右膝关节周围移动篮球。完成后，球员将左脚放回原地。

以这种方式进行交替练习。围绕双侧膝关节运球，之后是单侧膝关节，然后是双侧膝关节，再后是单侧膝关节，以此循环类推。

重点要点

· 移动腿，不移动篮球。
· 抬头。
· 身体不要上下摆动。

（4）练习 4："8"字环绕练习。

当球员处于防守位置时，球员将篮球绕过膝关节，以形成"8"字型路径。

· 穿过"前侧"来画"8"字。

· 指尖控制。

· 先练习技术，再练习速度后部穿过腿的中间部分。

· 球员学会了这技能以后，教练可以改变方向，将篮球穿过"后侧"。球员将从背面运球，这一动作更具挑战性。

重点要点

· 指尖控球。
· 抬头。
· 先练习技术，再练习速度。

（5）练习 5：胯下运球。

有助于提高运球的速度和协调性。

· 指导球员从防守姿态开始。

· 将篮球放在双腿膝关节之间，膝关节不应该碰到篮球，正确的动作应该是右手持球，位于身体前面，左手放在身体后面。

· 接下来，球员轻轻地将篮球控到两腿之间，快速切换手的位置并抓住篮球。如果正确完成，现在篮球是被左手握在前腿之间，右手握在身体后面，篮球不应该触地。

· 在不让篮球触地的情况下，通过双手不断交替进行练习。

（6）练习 6：从前到后。

技巧同前，区别仅在手部位置不同。

·球员站在相同的位置,控制篮球在双腿之间运动,这一次,双手将篮球握在身前。

·球员轻轻地将篮球放在两腿之间,然后在它落地之前用双手抓住它。

·双手跟随篮球由前向后轻微移动,目标是快速移动双手,接住篮球。

·将篮球略微向上抛,以便有时间进行切换。

·身体不要上下摆动。

重点要点

·平衡的防守姿态。
·抬头。
·指尖控制。
·快速的手部动作。
·将篮球略微向上抛,以便有时间进行切换。
·身体不要上下摆动。

技巧 3

3. 原地运球

原地运球是另一种有效且有趣的方式,可帮助球员在移动篮球时提高舒适度。尽管下述的许多练习方式在比赛中无法直接应用,但仍可以通过这些练习培养球员在威胁下处理篮球时的自信心。以下是一些例子:

(1)练习 1:墙壁运球。

通过墙壁运球是一种很好的方法,可以帮助提高对篮球的控制、身体力量和使用指尖运球的信心。

·球员在一面墙前一字排开,并尽可能快地运球到与肩相同高度。

·教练让球员在两侧缓慢移动,通过运动控制篮球。

·最后,教练让球员用他们运球的方式绘制形状,并达到他们可以墙上用运球签名的水平。这是一种培养篮球运动信心的有趣方式。

重点要点

- 保持肘部在手腕下方。
- 指尖和手腕的运动。
- 将手放在篮球上以确保篮球不落地。
- 快速，有力运球。
- 在运动中，篮球应该靠近墙壁。

（2）练习 2：节奏运球。

有节奏地运球被称为“节奏运球”，正确完成时可以听到节奏。

· 指示球员以从与胯下运球相同的起始位置开始，呈防守姿态，右手在前，左手在后。

· 让球员松开篮球，让它弹跳一次，同时交换双手。

· 切换后，左手在前，右手在后。

· 接下来，球员将以从右到左的向后，开始以完整的圆周运动移动篮球，篮球不要穿过前侧。

· 篮球回到起点，右手在前，左手在后，球员再次开始训练。

· 掌握了这个技术后，换方向练习。

重点要点

- 培养节奏。
- 控制篮球。
- 控制躯干不要上下摆动。
- 抬头。
- 先学习技术，后提高速度。

（3）练习 3：“8”字运球。

球员应该以平衡的防守姿态开始。

· 球员开始“8”字运球。

· 最简单的运球方法是教导球员通过腿后侧移动篮球，不能通过前侧移动。

· 教练决定“8”字运球的次数，从少到多，尽可能多地运球。

· 球员从后侧方向“8”字运球开始，切换到前侧方向。

· 对于擅长双手“8”字运球的球员来说，教练可以挑战球员只用一只手完成相同的动作。传授这个技巧最简单的方法是先通过后侧，后换到前侧。

重点要点

- 运球控制，使篮球靠近腿部。
- 指尖控制、手腕精细控制。
- 抬头。
- 控制身体，不要上下摆动。

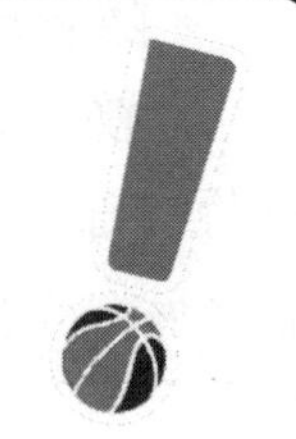

（4）练习 4：单臂摆动运球：前侧运球。

目标是让篮球在身体前面与双侧膝关节以最短距离运行。为了方便掌握运球的方向，手应该完全倒转。

· 从平衡舒适的防守位置开始，球员用一只手运球，进行钟摆式的“V”型运动。

· 鼓励球员保持腰部以下的身体稳定，不要让膝关节在任何方向因为篮球的运动而弯曲。

· 为了更大限度地挑战球员，教练可以让球员完成一次单臂摆动练习，然后交叉到另一只手。球员继续这种模式，同时使用双手交叉运球。

· 随着训练的进行，提高球员运球的速度。

（5）练习 5：单臂摆动运球：一侧运球。

一旦学会了钟摆式运球，教练可以训练身体一侧钟摆运球。

· 指导球员以平衡舒适的防守姿势开始。

· 垂直于两肩连线，球员将以“V”型运球。理想情况下，以臀部作为钟摆的中点，前后摆动。

· 手应该完全翻转，尽可能前后延伸。

· 最理想的运球动作是保持直线前行。球员可以使用地板上画的线条作为引导。

（6）练习 6：双臂摆动运球。

· 在学会了单手运球之后，让球员挑战双手运球，并进行双手交叉运球。

· 球员从一只手到另一只手做同样的“V”型运球。

· 随着球员技术的进步,指示他们以更快的速度运球。

· 教练让球员在他们的双腿之间进行相同的“V”型运球。转动胸部,产生相同的运球角度。然后切换方向,转动胸部位置指向另一个膝关节。

重点要点

· 两手协调配合。
· 身体与篮球保持合适距离。
· 注重整个动作中对上身的控制。

(7)练习7:背后运球。

为了学好背后运球,球员应首先练习背后“V”型运球,该动作与身体前“V”型运球相似。球员应使球靠近肩线,以达到较好的运球效果。

· 教练可在篮球场地板上画线来辅助球员练习运球。随着球员技术的进步,不断鼓励他们提高自信心。

· 指导球员注视篮球在地板上的落地点,而不要总是盯着篮球。

· 学习完运球过程,不断练习以提高运球熟练程度。

· 学习完“V”型运球,教练可以让球员尝试背后运球。球员先在身体侧面运球,然后使篮球绕过身体后方,反弹到另一侧臀部位置,由另一只手接住。

重点要点

· 使篮球成“V”型运动。
· 上身控制。
· 抬头。
· 膝关节轻微弯曲。

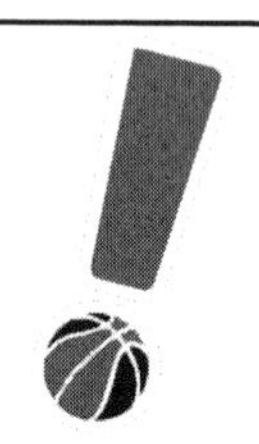

技巧 4

4. 在移动中运球

目的是教会球员各种方式的运球,这样会使球员的防守更加灵活。

学会灵活地处理每个球对每个球员的发展至关重要,无论位置或体型如何,每个球员都需要运球。以下是一些例子:

(1)练习 1:快速运球。

最常用到的是由防守转换到进攻时的快速运球。快速运球的目的是尽可能快地移动篮球,让篮球处在身体前面。

· 让球员在球场的一端做三威胁姿势。

· 当哨声响起时,先让球员以最快的速度将篮球从控球手中直接向上推至另一底线,然后以一个跳停和三威胁姿势完成动作。

· 教练应该鼓励球员在稳定控制篮球的同时提高运球速度。

· 鼓励球员把篮球控制和运球速度放一起进行练习,运球时保持篮球略高于腰部的水平。

· 当球员习惯了使用优势手后,再转向非优势手的练习。找到持球后,让球员在场上沿着直线方向,双手交替移动方式快速运球。

重点要点

· 抬头。
· 以直线方式运球。
· 运球位置不高于腰部。
· 对篮球的稳定控制和运球速度应协调。
· 注重运球技巧练习。

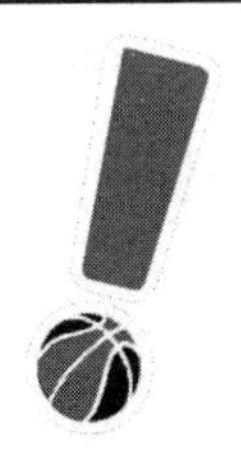

(2)练习 2:交叉运球。

· 球员以三威胁姿势开始。

· 一名球员在右侧进行两次运球后,越过身体正中线并向左转,完成一个曲线运动。

· 在越过时,重要的是将外侧脚放在身体前方并用脚蹬地以改变原来的方向。

· 用对侧脚从新的方向切入，靠近防守球员的脚放前面。

· 整个移动过程，身体应该处于低位，这样球员才能够从交叉运球中爆发式移动。

· 交叉运球时重心应该低，使球紧贴身体，以防对方防守球员的手干扰运球。

· 球员完成交叉运球后，示意他们立刻从身体外侧接住篮球，防止对方防守球员的断球。

· 鼓励球员及时调整身体速度和改变前进方向，完成高效准确的交叉移动。最好先在无防守球员的情况下练习，这样可以在实战之前获得良好的信心。

重点要点

· 低位运球，交叉时球紧贴身体。
· 脚蹬地发力。
· 变换步法，交叉运球。
· 变化速度，变化方向。
· 抬头。

（3）练习 3：后退—交叉运球。

学会了交叉运球后，教练就可以引出后退—交叉运球。当球员处于不利状态但仍需运球时，应学会使用后退交叉运球。例如，当一支球队陷入进攻球员被威胁状态时，球员对进攻感到压力，通过向后运球撤退，进行交叉运球以暂缓进攻。

· 此练习，球员应从三威胁姿势开始。

· 球员向右运球 3 次，右脚落地，左脚向前，保护篮球。

· 球员向后滑动（与边线平行）并进行两次运球。

· 球员进行一个向左移动的交叉运球，躲避假想的进攻。

· 学会以后，不断提升动作的速度和敏捷性练习。

（4）练习 4：急停急起运球。

急停急起运球花样繁多，其最常见、最直接的效果是可以冻结防守球员一秒钟，为进攻球员创造机会。

· 球员以三威胁姿势开始。

· 球员使用优势手直线进行三次快速运球。让球员假想面前有一名防守球员，球员急停急起一秒钟，冻结防守球员一秒钟。

· 在急停之后，球员将向前移动，此时用优势手持球。

· 对于球员来说，移动时使用同侧步伐是最有效的。例如，如果球员用右手运球，那么这个动作中首先迈出的是右脚。在移动过程中，保持手在篮球上方很重要，这样球员不会持球犯规。

· 教练要注意速度的变化。球员先是冲刺，急停，然后移动离开冲刺。有一个清晰、明确和简洁的速度变化是非常有效的。

重点要点

· 冻结防守。
· 移动速度和移动过程中速度的变化，迅速提升速度。
· 手位于篮球上方。
· 直线运动，脚直贴防守队员。

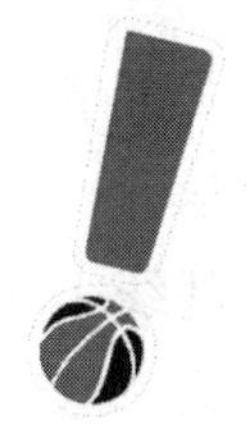

（5）练习 5：行进间绕障碍运球。

行进间绕障碍运球是一种非常具有趣味性的训练方法，它教会球员如何越过障碍运球。

· 教练让球员等距、横向"一"字排开。

· 球员们直立站立，在带球球员从身旁经过时不移动或伸手去碰球。

· 带球的球员快速运球，双手交替，依次穿过，然后折返回原位置。

· 球员将篮球传递给下一个人，"人线"向前移动一个位置，而刚完成的球员冲刺到"人线"最后的一个位置。

· 接到球的球员继续运球。

· 教练还可以将"人线"换成"Z"型图案，让球员用这样的方法进行交叉运球和移动练习。

· 待球员熟练该动作后，球员通过时，教练可安排其他球员去触碰篮球，从而提升难度，并且应教导球员在运球时用他们的手臂和身体保护篮球。

重点要点

· 复习运球技巧，加强对运球动作的理解。
· 做好防守，免受“人线”的影响。
· 抬头。
· 熟练掌握，提高运球的速度和效率。

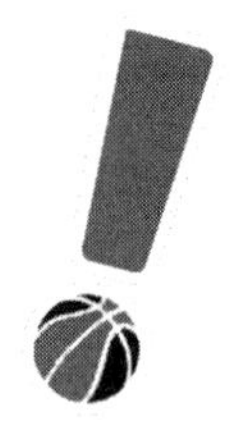

技巧 5

5. 行进间运球

以下三个动作更加复杂，最好是在熟练掌握以上技巧后再进行学习，以降低挫败感。在三威胁姿势中，以下三种训练都可以在基线上进行。以‘之’字形前进，在相反的基线以三威胁姿势结束。这三种训练方法既可以在防守球员运球时将其击退，也可以在改变方向时做好防守。以下是对这三种练习的进一步描述：

（1）练习 1：背后运球。

建议在公开场地教授和学习移动中的背后运球。实际运球动作近似于固定球处理中所教导的动作。

· 进入移动状态，先在臀部位置运球，使球稳定在身体周围，然后拍球反弹至对侧臀部位置。

· 在环绕身体之前的控制性运球可使背后控制篮球更容易，因为它产生了完成该运动所需的动力。

· 鼓励球员做该动作时保持较低身体重心。

· 通过一两步练习在背后改变步法。

· 篮球运行到身体的另一侧后，鼓励球员将篮球控制在身体的外侧并紧贴身体来进行防御。

· 掌握了该技巧后，继续练习控制篮球低位并紧贴身体。

重点要点

- 运球。
- 从一侧臀部位置运球到另一侧臀部位置。
- 保持紧密贴近身体。
- 抬头。
- 注意防守。
- 控制速度，改变方向。

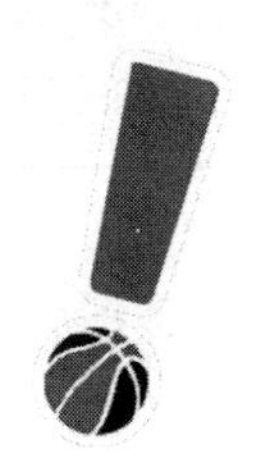

（2）练习 2：胯下运球。

从右侧开始，球员先进行两次快速拍球，并在跳停时使篮球刚好触地。肩膀应与先前运动方向保持垂直。

· 移动时，球员做一次跳停，肩膀转动与刚刚移动的方向平行。

· 胸部应朝向前膝（左）。

· 胯下运球时，篮球轨迹从前向后，然后用左手接住身体后侧的篮球。

· 保持前脚（左）固定，后脚（右）朝向前移动。

· 球员完成移动后，篮球保持在身体外侧，做好防守。

· 完成练习后，继续运球并保持篮球处于低位。

重点要点

- 移动之前先进行跳停练习。
- 胯下快速运球。
- 保持身体低位姿势。
- 把握好球的速度和方向。
- 抬头。

（3）练习 3：转身运球。

与胯下运球相似，球员在两次快速运球后，通过跳停转身运球，此时肩膀垂直于刚刚移动的方向。

· 从该位置开始，球员用力运球并将球控制在身体前方，以产生必要的旋转力量。

· 球员快速完成 180° 反向旋转，此时前脚（左）是支撑脚。

· 当进行旋转运球时，球员的手臂略微弯曲，手应保持在篮球上方，约腰部水平位置，并且紧贴身体。

· 从运球开始直到旋转完成，篮球始终在同一只手中。

· 球员应确保篮球位于身体外侧并时刻做好防守。

重点要点

· 跳停后开始转身运球。
· 控制运球，灵活旋转。
· 快速，低重心，创造旋转。
· 旋转时将手保持在篮球顶部。
· 做好防守。
· 把握好运球速度和方向。
· 抬头。

（二）防守

从基础做起，培养球员的防守技能，即控球防守技能，是适宜且必要的。无论是对个人，还是对团队的整体防守计划来说，学习控球防守都是至关重要的。以下介绍不同的技巧和防守要点。

技巧 1

1. 固定式控球防守技巧

首先，在进行移动进攻之前，教练应该先解决防守球员关于防守的位置和技巧的问题。让第一次进行防守的球员获得信心并且对控球防守有一个大概的了解。

· 球员两人一组，中间放一个篮球。

· 教练对球员事前进行讲解，重点关注步法、手部位置以及整个技能中防守姿势的基本原理。

正确的位置包括以下内容：

· 下蹲后背向后。

· 挺直腰板，抬起头和下巴。

· 脚趾直指前方。

· 双手放在腰部及以上位置。

· 膝关节轻微弯曲。

· 与队员保持一臂距离。

· 眼睛注视进攻球员的腰部。

结合一名队员的配合，完成防守的步法：

· 球员下蹲来回应进攻球员的进攻。

· 下蹲的过程保持低位，保持合适的姿态。

· 留意进攻球员的腰部。

· 在保持活动状态的同时，使优势手放在篮球的一侧，另一只手放低在另一侧。

· 保持一臂长度的距离。

· 如果进攻球员撤退，那么防守球员也撤退。

运球防守的步法如下：

· 防守运球的第一步非常关键。

· 脚尖指向滑动方向，蹬地朝相反方向运动。

· 滑动后不要将双脚合起（假想防守队员两腿之间夹有一根木棍，长度略小于肩宽，滑动后不应使木棍折断）。

· 保持一臂长度的距离。

· 运球一侧的手高，另一侧手较低。

· 开始时保持低位，进行运球。

· 侧滑应该有一个适当的角度，（不是 180° 的角度），这样可以直接发动进攻。

防守运球：

· 保持低姿态以便改变方向。

· 在改变方向时后脚用力蹬地。

· 正确的角度。

· 一直保持低位。

· 方向变换把球换手。

在接球并出手后，防守对方球员：

· 后卫应该立即“顶上”，封闭他们之间的所有空间。

· 用手接触篮球，以转移传球方向。

· 进攻处于不利地位时，应避免犯规。

因防守失败而投篮,球员应牢记以下几点:

· 投篮时,用高位手对抗。

· 投篮结束后,示意,让球员安全落地,开始争球。

· 转身面对篮筐,保持与外框接触。

· 抬起头和手,为争球做准备。

考虑到上述情况,进展包括:

· 关于进攻球员的位置。

· 防守试探步,带球一次。

· 防守试探步,运球。

· 防守试探步,一次运球,投篮。

· 防守试探步,两次运球。

· 防守试探步,两次运球,投篮。

· 防守试探步,单手运球,一次反方向运球,投篮。

· 从头到尾运用上述的任何组合。

· 教练可以通过各种语言或身体暗示球员进行上述练习。

· 确保两个方向都得到解决,同时确保所有球员都拥有防守技能。

· 训练初期先专注于练习防守,后期可以鼓励进攻型球员展示正确的步法和篮球姿势。

· 以上是通过进攻和防守继续提高训练水平的方法。

· 鼓励球员在平时练习时形成互相沟通的习惯。通过这些训练的过程,提高默契度,如可以使用“球”“投篮”之类的术语等。

重点要点

· 姿势。
· 保持积极活跃。
· 沟通。

技巧 2

2. 补防技巧

补防是需要早期开始练习的重要技术。通过良好的身体控制和定位,球员能够同时防守投篮球员和进攻球员。

例如,一名后卫站在正确的位置,防守的球员很快就把篮球接到离防守队员 1.5 米远的地方。在这种情况下,防守球员需要防守,有效地防御即时投篮,阻止进攻球员突破。

· 球员应冲刺到进攻球员和原始位置之间四分之三的距离,进行补防。

· 冲刺的初始距离是至关重要的,防守球员必须尽快到达进攻方的面前。

· 防守球员的头部和重心应该向后移,可以有效地控制和减缓冲刺过程中产生的冲力。

· 如果后卫没有执行这部分防守任务,低头朝着进攻球移动,防守球员将无法在到达时防止突破。

· 除了向后移动头部和身体重心外,手臂还应该举过头顶,阻止进攻球员投篮,让对方球员的传球偏离方向。

· 在接近进攻球员的情况下,防守球员也应保持低姿势,这样防守球员就可以在进攻球员突破时横向滑动。重要的是盯紧进攻球员,以便及时进行有效防守。

重点要点

· 冲刺四分之三的距离。
· 控制四分之一距离。
· 重心后移,回头。
· 保持低姿势。
· 双臂举过头顶。

(1)练习 1:四个防守。

球员在基线上排成四条线,前四名球员呈防守姿态。教练会通过口头或身体上的信号提醒球员开始。

· 在防守姿态下，球员将直接向前冲刺，到达第一个自由延伸的直线上或球员在教练提供的场地标记处以结束冲刺。

· 球员应以防守姿态结束。下一组走到基线以防守的姿势站立。

· 教练使用相同的提示，提醒球员进行下一次补防。

· 原组在半场进行近距离投篮，第二组在第一个罚球线的延伸处进行训练。

· 训练一直持续，直到所有球员进入相反的基线，执行四次补防。

（2）练习 2：侧向滑动。

掌握了上述技能后，教练可以通过侧向滑动来锻炼球员，模拟进攻球员突破。

· 教练可以指出或提供口头提示，让球员向右或向左横向滑动。

· 教练指导球员练习防守，让球员参与其中并做出相应反应。在侧向滑动变得更容易之后，教练可以挑战球员其他的一系列组合滑动。

重点要点

· 结合之前所学并加强以上的补防重点。
· 保持低重心姿势。

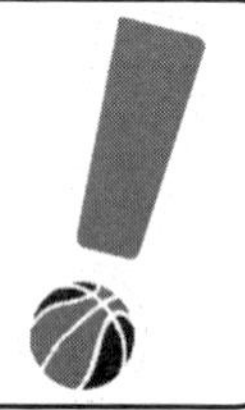

球员学会了补防的技巧后，教练可以继续训练球员技能的具体细节。

例如，当教练要求向前冲刺时，许多球员会采取消极的防守姿态和处于起跑线上的短跑球员一样，后退一步会浪费宝贵的一秒钟时间，这是不理想的步伐。

· 为了使第一步速度更快，鼓励球员在第一个动作上分开双臂。这创造了正方向的力量，可以立即行动至所需的方向。

· 手臂和步伐一样重要。从训练初期养成良好的习惯会帮助球员更顺利完成这项练习。

（3）练习 3：三分线补防。

上述练习完成后，在篮球场上的不同位置进行练习，让球员了解现场比赛情况下如何使用补防。

有很多方法可以完成这一训练，下面是一个例子：

· 安排两名进攻球员在两翼；教练或球员位于球场的基线。

· 两名防守球员站在中线，双脚接触中线，在传球时，防守球员将换防，冲向他们各自的进攻球员。

一个简单的进程如下：

· 换防到防守姿态。

· 防守试探步。

· 近距离防守 1 次运球突破底线。

· 近距离防守 1 次运球突破中路。

· 近距离防守 1 次运球突破底线 / 中间投篮 / 绝杀。

· 近距离单手防守 1 次运球，然后 1 次运球不同方向的投篮 / 绝杀。

重点要点

· 控制身体，获得信心。
· 从换防和防守中增强补防意识。
· 注重步伐。
· 保持低重心姿态。

技巧 3

3. 进攻时防守

建议在进行任何类型的全场训练之前，在没有进攻的情况下开始练习技术。如果没有适当的介绍，会让球员在学习这项技术时感到沮丧。

（1）练习 1：模拟进攻——全场练习。

如上所述，在没有进攻的情况下以假想的方式进行练习。

· 球员将纵向使用三分之一的球场，允许更多的球员同时参与到训练中。

· 球员将以 45° 角滑动，模拟进攻球员运球的角度。

· 在三次防守之后，球员退一步并向另一个方向滑动。

· 应该在地板上重复练习，努力为技术运用打下坚实的基础。

重点要点

· 抬头，并保持低重心姿态。
· 后脚蹬地，指向前脚。
· 不要交叉双脚，或将脚并排。
· 无反方向步伐。
· 双手在体侧正确放置。

（2）练习 2：限制进攻。

与以上的练习类似，防守球员将与进攻球员进行防守训练。

· 在这里，进攻球员将以一种方式进行三次慢速运球，然后改变方向。

· 防守球员将学习上面列出的所有技术。

· 专注于保持低位，保持适当的手部位置，并与进攻球员保持一臂的距离。

· 训练初期要以较慢的速度进行，不要让进攻方试图击败防守方。

· 当防守逐渐熟练，进攻球员可以逐渐加快速度。

重点要点

· 面向篮球。
· 保持手臂长度的距离。
· 眼睛盯着进攻球员的腰部。
· 手放置适当的位置。
· 身体放低。

（3）练习 3：限制进攻——抢断运球。

如果一名运动员在运球时被抢断，重新建立正确的步法是很重要的。

· 在没有球员进攻的情况下完成这个练习，然后升级到有控球的进攻球员的练习。

· 限制进攻——抢断运球最快捷、最有效的方法就是转身冲刺。防守队员希望抢前方位置，并找一个更好的角度击败进攻球员抢断时位置。

· 防守球员抢断进攻球员后，防守球员应立即转身并采取防守姿态来阻止控球球员。

· 从这个位置开始，防守球员将再次侧向滑动。

· 教练可通过指导球员假装防守抢断进攻来模拟这一动作。

重点要点

· 抢断后，向其他方向冲刺。
· 张开手臂增强抢断动力。
· 选择前方位置，制造更好的角度抢断进攻。
· 转身并采取防守姿态以阻止进攻。
· 侧向滑动，保持低位。

（4）练习 4：现场进攻不得分。

为了模拟现场比赛的动作，教练可以让进攻球员把防守队友攻到另一个底线，但不进行投篮。

· 示意进攻球员试图运球突破防守。

· 如果成功，在两次运球后，进攻球员可以放慢速度并让防守队员赶上并重新调整。

· 从球场起始位置，两名球员再次进行“现场”比赛。

· 球员技术进步后，教练可以让进攻球员在可能的情况下击败防守球员。

· 这是一个挑战球员而不得分的好方法。

重点要点

· 练习并强化之前的技术。
· 控制进攻和防守球员之间的距离。

(5)练习 5:现场进攻得分。

球员适应了上述练习后,允许球员在训练结束时尝试进攻得分。

· 命令球员留在自己的三分之一场,直到半场结束,然后他们必须留在自己的半场。这条指令非常重要,避免在球场另一侧的球员相互碰撞。

· 鼓励防守球员一直打到比赛结束,包括开球和抢篮板球。

重点要点

· 结合并强化以前练习的技术。
· 一直训练到结束。
· 卡位抢篮板。

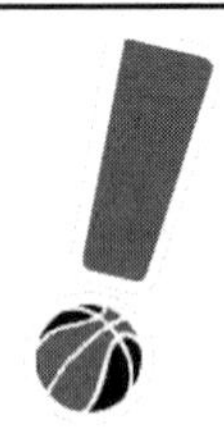

AT 4AM? I SEE OFTEN
I NEVER FEAR ANY OPPONENT
LONG
MR.B外教篮球训练营
23

（三）步法和身体控制

步法和身体控制在各个阶段都很重要。在基础阶段，这两项技能更接近真实篮球比赛节奏，要求能更快地改变方向。

技巧 1

1. 转动

这项技能可以提高年轻球员在转动时应用适当的步法和身体控制的能力。球员要学会如何正确转动，因为这对于许多其他技能，例如投篮和传球是必不可少的。

· 首先球员处于好的位置，抬起下巴，双手放在腰部以上，膝关节微屈，并且他们的双脚分开到与肩同宽。

· 将一只脚固定在一处，使其不向前或向后移动；这是中枢脚。另一只脚可以移动，这样身体就可以随之旋转。

· 指导球员旋转时，旋转中枢脚，并全过程控制好篮球位置。

· 球员可以向任一方向旋转 180°。“前转身”是身体向前方转动，“后转身”是身体向后方转动。

重点要点

· 保持良好的篮球位置。
· 目视前方。
· 确定中枢脚，向前或向后。

技巧 2

2. 改变方向 / 速度时的身体控制

训练球员在比赛时及时变换速度和方向的能力。学会如何改变速度和方向是球员进行更高水平学习的基础。

· 在学习和练习这些技能时，提醒球员保持适当的篮球姿势，膝关节弯曲，双手放在腰部以上。

· 指导球员用脚蹬离地面，朝向自己想要移动的方向，向右移动时，将左脚蹬离；向左移动时，用右脚蹬离。向后移动，将脚向前蹬；向前走，脚向后蹬。

· 当球员确定前进方向，应转向确定的前进方向。

· 球员必须正确地蹬离地面，从而有效地改变方向。

· 重要的是球员在改变方向的同时协同速度的变化。

重点要点

· 恰当的篮球姿势。
· 脚的正确蹬离。
· 肩膀转向确定方向。
· 方向、速度协同改变。

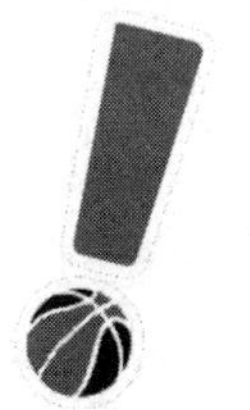

3. 防守

在这个阶段，重点是练习正确的防守姿势。也会有关于身体运动的指导，包括转动的步骤和恰当的姿势。球员们将进行防守滑步练习锻炼这些技能。训练初期，不加入进攻球员，也不持球，随着球员逐渐适应，进行调整。训练后期，可以逐渐加入进攻球员和持球球员。

技巧 3

（1）正确的姿势。

正确的防守姿势应该在入门阶段引入，并在整个阶段持续练习。

· 双脚应该比肩膀略宽，双手放在腰部以上，抬头，头部投影超过膝关节，但不能向前倾。

· 球员能够向各个方向移动，并允许必要的转身，做到灵活的防守。

重点要点

· 背部挺直，目视前方。
· 双脚比肩膀略宽。
· 双手放在腰部以上。
· 膝关节轻微弯曲。

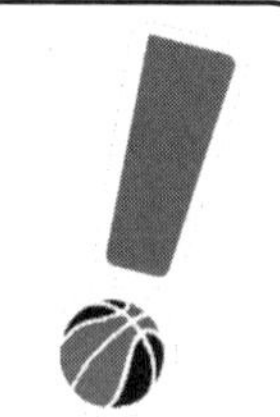

技巧 4

（2）360° 运动。

在进行防守时，球员应保持在入门阶段的步法和身体控制部分中概述的正确姿态，并且应使用类似于上述进攻性原则的技巧 2 中描述的步法。

· 防守球员应该在篮球场上跟随进攻球员练习。

· 正确的防守动作要求防守球员在防守时与进攻球员同向“滑动”。

· 为了正确滑动，教练应该强化球员在进攻原则中学习的步法，他们应该把脚移动到目标方向。

· 注意确保球员在滑动后不会将双脚并在一起。

· 在这个阶段考虑进攻和防守球员之间的间距是很重要的。指示防守球员与进攻球员保持合适的距离。

· 为了帮助防守球员跟住进攻球员，鼓励防守球员盯紧进攻球员的腰部。

· 当进攻球员改变方向时，防守球员应该使用一个转身继续跟随进攻球员。

重点要点

· 适当的防守姿态和步法。
· 确定移动的方向。
· 滑动后双脚不应该并在一起。
· 转动以变换方向。

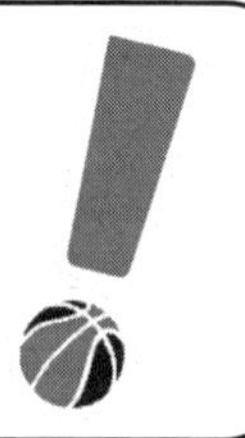

（四）传球和接球

传球和接球是重要的能力，与持球和运球一样，这两种技能可以控制整场的节奏。在基础阶段，传球和接球会更加完善前面介绍的基本技术的效率和熟练程度，同时也会学习到新技能和新概念。

技巧 1

1. 固定传球

除了下面列出的新练习之外，这个阶段的球员还应该用双手和单手继续努力完善胸前传球。传球动作要干净利落，应具有较高的速度和准确性，离手要快，不需要移动就能击中目标。这两种传球将成为所有学习技能的基础，因此继续掌握下面的练习很重要。

以下是在这个阶段要开始引入的升级训练，最初可以教导两个固定不动的队友相互传递。

（1）练习 1：反弹传球。

反弹传球是外线球员传球时最常用的方式，从手部动作开始练习这种传球。

·用一只手将篮球放在指尖上，手掌朝上。

·然后球员将手翻转 180°，手掌朝下，将篮球传递给队友。

·开始训练时，让球员通过观察手的转动，确定篮球是如何受力后旋转而反弹。

·接下来，让球员添加辅助手，仅用于控制和辅助传球。

·当球员对导向手感到适应以及知道如何将旋转的篮球传到队友手里时，让球员尝试在画线外面反弹篮球。

·此外，教练可以直接站在球员面前，使球员将篮球放到身体外侧，再次让球员用旋转的方法传球。

·随着球员的进步，教练可以要求传球球员提高速度，传球干净利落，完美击中目标。

（2）练习 2：反弹传球（步法）。

一旦学会了手部动作，开始教授步法和传球的技巧，并让一名非现场防守球员站在前面。

·从三威胁姿势，开始直接试探教学。

·如果球员用右手传球，使用直接的右试探步，直接将右脚放在防守球员的左脚旁边。

·球员调整篮球尽可能远离身体，使篮球远离防守球员。

·将篮球拉低，手转过来，击地传球旋转传回队友。保持跟进，直接指向目标。

·在整个过程中保持身体低重心姿态。用双手接住球，建立一个三威胁姿势。

·此外，教练应该鼓励在步法中手脚并用，最终移动到交叉步以进行传球。

·通过交叉，重点关注球员如何利用身体保护篮球，使用适当的步法。

重点要点

- 三威胁姿势。
- 恰当的手部动作，为队友做适当的传球。
- 恰当的步法。
- 通过时保持低重心姿态。
- 跟进。
- 用双手接球。

（3）练习 3：头顶传球。

在许多情况下可以使用头顶传球，它是最常用于快速穿过球场上的传球，对抗区域防守或再进攻。

· 从三威胁姿势开始，球员迅速将篮球举过头顶，双手放在篮球的两侧，用肘部牢牢抓住它。

· 球员在接近目标时，用双手传球。

· 传球时，手不应该向后移动，因为球员后面可能有防守球员。相反，篮球应该远离头顶，用力并快速甩出。

· 双手应该在整个传球过程中旋转，然后拇指向下旋转直接指向目标。

· 鼓励传球干净利落，位于防守之上，不要过高。

· 随着练习的进行，继续提高精确度。

· 接球员应该用两只手抓住篮球，在一个双脚起跳位置上完成一个三威胁姿势。

重点要点

- 三威胁姿势。
- 篮球在头顶上方，而不是后面。
- 快速甩出。
- 迈向目标，直接跟踪目标。
- 双脚起跳，双手接球。

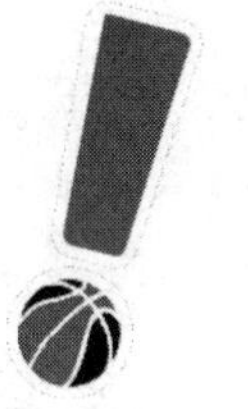

（4）练习 4：假传球。

教导防守队员对篮球做出假动作，让传球假动作对进攻球员产生误导。目的是使用假装传球让防守球员在一个方向上做出反应，然后在不同的方向进行传球。在面对防守压力时，教练经常使用“假传球,制造传球”这句话。

· 坚持上面学到的头顶传球的概念,让三个队友协调配合。在首次学习假传球时,给传球球员提供欺骗目标。

· 从三威胁姿势来看,带球的球员将篮球举到头顶上方并开始向队友头顶传球。

· 这个想法是让假动作和一般动作看起来一样真实,让防守球员做出错误反应。

· 随着篮球向前移动,眼睛瞄准目标,将篮球拉回原位,然后用力甩出。

· 一旦假动作完成,转换另一个目标并执行传球。

· 教练要让球员在学习假动作时执行所有类型的传球。

· 如果使用假击地传球,因为将进行实际传球,所以球员应该在同一高度假击地。

· 此外,让球员在没有第三个队友的情况下执行传球假动作。例如,如果尝试完成一个击地传球,外线球员可能会伪造一个头顶传球;然后执行击地传球。

重点要点

· 假动作。
· 目光锁定目标。
· 从假动作到实际传球的快速过渡。

技巧 2

2. 移动传球

· 在这种情况下,必须将篮球传到队友要跑到的位置,而不是当前位置。

· 传球必须在正在跑动的队友面前进行。球员不应该为了抓住篮球而大踏步前进。凭借经验,球员将能够衡量每个队友面前需要传球的距离。

· 相反，当传球人也在移动时，重要的是要考虑他们自己的速度，特别是若接球的球员是静止的情况下。

下面列出了练习中的两种情况。

（1）练习 1：四角传球。

使用半个篮球场，在每个角落放置四条线。球员能够将线延伸到篮球场的实际角落。在这个阶段，让这些线靠得更近，以便在不影响技术的情况下成功执行胸前传球。此训练需要两个篮球才能完成。

· 首先，向球员解释他们在整个练习过程中只会出现两条线，一条是他们站的线，另一条是对角线。

· 向球员说明，当球员斜着跑向另一条线时，所有球员都要向右看。

· 一旦练习开始，每个球员将接到篮球，接到传球的球员将进入中间地带。

· 在传球后，球员越过中间地带向右看，接到篮球，然后传球奔向线路，沿该线路行进。

· 一旦拿到篮球，向左转。

· 这一练习为球员提供了练习传球的机会，包括固定目标和移动目标，教导球员了解动量及其对传球的影响。

· 鼓励球员准确击中目标，在不中断步伐的情况下做出干脆利落的传球。接球球员应该用双手抓住篮球，并在整个练习中进行交流。

· 此外，一旦练习完成，确保球员立即再次传球，而不是带着篮球到处跑。

重点要点

· 干净利落的传球。
· 击中目标。
· 准确性。
· 不要在接球和传球之间来回跑动。

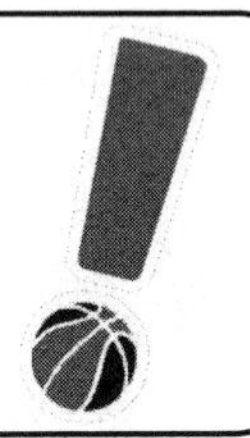

（2）练习 2：全场传球上篮。

同样，这个训练的重点是让球员将固定和移动结合起来，让球员在更短的距离内进行适当的传球，这使得它更具挑战性。教练也可以将上篮练习整合到一起。

· 球员排成一排，在球场的一端上篮之前，球员将完成三次传球。

· 上篮球员将在规定的时间内完成上篮。

· 一旦时间到，让固定球员上篮得分，反之亦然。

· 上篮前传球的球员，使用击地传球，所有其他传球都是胸前传球。

· 持续关注在接球和传球之间没有跑动的球员。

重点要点

· 三威胁姿势。
· 果断，准确的传球。
· 击中目标。
· 击地传球，上篮得分。
· 用双手抓球。
· 接球干净利落，快速过渡传球。
· 重点加强上篮部分。

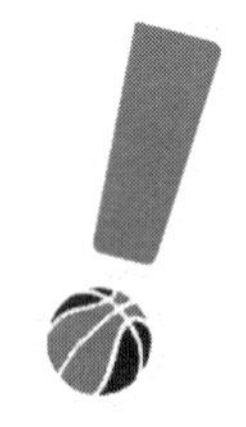

技巧 3

3. 两名球员在移动中传球

在移动状态下传球给移动目标，是学习技能的重要一项，球员会经常处于这种状态。下面的练习将帮助球员在移动中的传球变得流畅。

（1）练习 1：侧—中—侧传球。

在基线上形成三条线，让球员在地板上移动使用胸前传球，三人一组。

· 球员沿直线奔跑，从中心到一侧，再回到中心，再到另一侧又回到中心。

· 球员持续这种模式的练习。

· 如果球员刚开始练习，最好只完成向相反基线的传球。

· 如果球员对练习感到满意，可以在另一端添加一个上篮，让球员在罚球线中间停住，然后进行一个击地传球上篮。

· 根据所涉及的球员数量，教练可以让球员在下一组出发之前返回，或让每个球员在返回之前完成相反的训练。要鼓励球员带领队友，而不只是在接球和传球之间来回跑动。

重点要点

· 干净利落的传球，不要传高球。
· 投篮进球。
· 团队协助，不要大踏步前进。
· 不要只在接球和传球之间来回跑动。

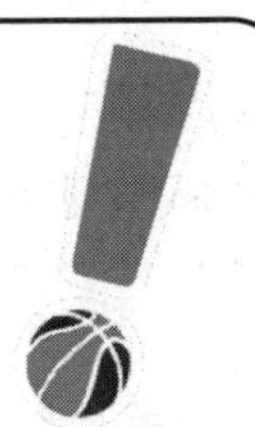

（2）练习 2：三人一组。

从基线上的三条线开始，三名球员一起移动，相互传球到达相反的基线，或球员上篮得分。

· 从中线开始时，使用胸前传球传给边上的一名球员。

· 传球完成后，球员应立即跟随他们的传球并在接到传球的球员后面跑动起来。

· 接到篮球的球员将会穿过场地传给对面球员，同样，在接球队友的身后跟上自己的传球。

· 三名球员将以这种传球模式一起练习，并从篮球场的一端跑到另一端。

· 教练可以让球员在相反的基线处结束，或球员在没有中断的情况下返回，如果在上篮后使用这种方法，效果尤为明显。

· 此外，教练可以根据球员的具体情况，决定传球的长度。

· 如上所述，鼓励球员做出干净利落的传球，带领队友，而接球队友注意不要在接球和传球之间来回跑动。

· 此外，要确保球员一同在篮球场上移动，因为很多球员第一次进行这个训练时往往会朝错误的方向移动。教练甚至可以走在团队后面，让他们看到自己应该如何在球场上移动。

（3）练习3：五人一组。

五人一组的概念与三人一组的概念相似，但允许更多球员参与，后续可引入更多的训练模式。

· 对于这种训练，仍然会出现上面描述的三人一组的情况。不同的是，一旦传球，有两个球员将跟随球往前跑，而非一个球员。

· 篮球传给内线球员，而不是外线球员。所有的五名球员通过传球，一起沿着篮球场前进。练习中只能通过传球或上篮、跳投和击地传球给投手。

重点要点

· 干净利落的传球，不要传高球。
· 击中目标。
· 团队协作，不要大踏步前进。
· 不要在传球和接球之间来回跑动。

技巧4

4. 优势位置传球

一旦开始学习传球技术，就要着重理解传球角度以及如何使用其他篮球技巧。例如运球，以创造更好的传球角度。可以在处于优势的情景下学习这些类型的概念，如下所述。

（1）练习1：二打一。

一般来说，从进攻转换的角度来看，如果两名球员发现自己处于2V1的优势状态，那么两名球员应该立即建立宽阔的间距，在场外三分之一处创造两条球道。

· 带球的球员应该运球进攻篮筐，直到防守球员做出阻止该球员的动作。

· 如果防守方停止阻拦，进攻球员应该上篮得分。

· 如果防守球员从未停止阻拦，则球员应该向另一名球员传球，然后让另一球员上篮得分。

· 在这种情况下,运球进攻时让防守球员紧盯篮球,是传球的关键。

· 如果球员未进攻,防守球员将会防守对方两名球员并使队友之间的任何类型的传球变得困难。

·在 2V1 的优势情况下,应该在一次或多次传球时进行上篮。对于刚刚学习此练习的球员来说,这是一个较高的要求。

(2)练习 2: 半场二打一。

引入此练习是让球员处于相当可控的环境中,从半场的两条线开始。

· 一方从运球开始,开始运球给防守方,然后执行 2V1 的战术。

· 防守球员可以是教练,再次控制环境以确定球员理解训练以及运球的使用如何影响传球角度。

· 练习完成后,添加一名队友作为防守队友。

· 交换两侧场地,确保球员用双手运球和传球。

(3)练习 3: 全场二打一。

与上面的练习类似,在这里,将两条线移动到基线,另一侧有一个防守队友。

· 带球的球员将在一条球道上运球,另一名队友将在另一条线上跑动,他们将一起进攻防守球员并执行 2V1 的情况。

· 投篮(或转身)的球员将成为下一组两名球员的防守球员。

· 以这种方式训练只允许球员在场地的一端完成 2V1。

(4)练习 4: 全场快速二打一。

这种训练通过在场地两侧增加篮筐来实现连续性。

· 球员将执行 2V1 优势的情况。

· 防守球员将进行长传球。

· 两名球员填补他们的球道并跑向球场的另一端,以对抗防守球员执行 2V1 的优势。

· 这是让更多球员同时参加的好方法。

重点要点

· 保持间距，球员站在各自的线上。
· 带球进攻防守球员。
· 上篮得分。
· 传球不应该破坏队友的步伐。
· 击中目标。

（5）练习5：三打二。

一般来说，从进攻性转换的角度来看，在3V2的优势情况下，三名球员应在场地保持间隔，两个在两侧线上，一个在中场区域。

· 无论是运球还是传球，最好让球在中场开始。

· 球员间距是决定传球角度的重要因素。

· 通常情况下，如果防守球员做到了逼停球，则第一次传球将传到其中一个侧翼。

· 下一次传球通常会回到中场或直接上篮，这取决于防守球员对局势的反应。

· 球员应尽力创造两次或更少的传球以获得良好的投篮位置。

· 对于3V2，上篮或短距离投篮被认为是一个很好的投篮方式。

· 如果超过两次传球，会使防守有时间恢复，将失去进攻优势。

· 同样，对于刚刚学习如何在3V2优势情况下传球的球员来说，这是一个很高的要求，重要的是继续加强有效传球的间距。

（6）练习6：半场三打二。

当你第一次在3V2的情况下进行传球训练时，半场训练是一个很好的开始。

· 两名防守队友执行进攻，轮换进入防守。

· 在半场训练中获得信心，然后转向更接近比赛的全场。

（7）练习7：全场快速三打二。

类似于快速二打一，快速三打二是连续的，地板两侧各有两条线。三名进攻球员在与两名防守球员的比赛中得分。

· 一旦比赛开始，两名防守球员将会站在各自的线上，进攻球员在相应的线上对阵对方的两名防守球员。

· 训练将以这种方式继续进行。

· 球员训练时，向防守球员发起挑战，在两次或更少的传球中获得高质量投篮。

· 团队对此感到满意时，教练可以在球员身上放置一个计时器，以帮助他们模拟在现实比赛中执行此操作所需的时间。

· 12秒的投篮时间是适合的，并且应该从防守队员拦球的时间开始。

· 随着球员的进步，投篮时间可以减少。

重点要点

· 保持间距，球员站在各自的线上。
· 两次或更少次传球能获得高质量投篮。
· 传球不应该带乱队友的步伐，击中目标后投篮。
· 融入假动作。

技巧5

5. 构成威胁进攻威胁

在这个阶段，重要的是向球员灌输概念，即一旦接住篮球始终要构成合理的进攻威胁。

· 大多数情况，球员接住篮球并将其放在头顶，站直。一名优秀的防守球员将会阻挡一名进攻球员，从而干扰其大多数进攻性选择。

· 进攻球员应该始终让防守球员猜测和紧张。一旦接到篮球，鼓励球员将篮球带入投篮距离，准备好三威胁姿势。

· 加强这一概念，并在所有进攻训练中养成积极的习惯。

重点要点

· 接住球，立即将篮球带入投篮距离。
· 抓住得分机会。
· 三威胁姿势。
· 寻找进攻机会。

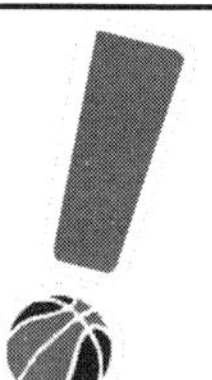

技巧 6

6. 回传

在接到篮球时，球员应该回传给传球球员，特别是在有防守球员的情况下。

· 即使是最轻微地向篮下移动，也可以避免潜在的错误，而且很多时候还会导致防守球员的个人犯规。

· 此外，在半场进行传球将有助于创造趋势，这可以帮助摆好阵势，从而实现流畅而强劲的投篮尝试。作为一名进攻球员，一直保持进攻是没有坏处的。

· 同样，这个概念应在包括传球在内的所有训练中得到加强。它可以在其他训练的背景下进行教学，或球员可以创建一个单独的训练来满足传球。

重点要点

· 当篮球在空中时，做一个回传给传球球员的动作。
· 用双手抓住篮球。
· 三威胁姿势。

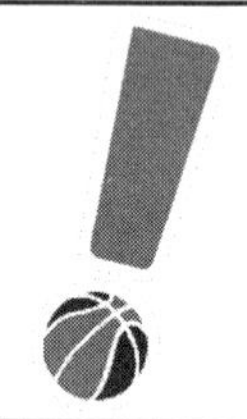

理想情况下，球员将始终用双手来接球。但是，如果有错误传球或长传球，球员有时只能使用一只手。

· 球员需要训练如何确保接球的准确，并将其带到身体周围，从而获得控制权。

· 这个概念是“阻挡，抓住，控制”。

· 当离开位置用一只手接球时，球员将阻止篮球继续运动。

· 然后，抓住篮球并将其带到另一只手中，立即控制篮球，以确保获得控制权。

· 教练应该鼓励球员用双手抓住篮球，如果不行的话，采用阻挡，抓住，控制。

· 这个练习最好在传球路线中引入，传球球员（或教练）进行错误的传球，迫使球员离开位置去接住它。

· 尝试不同的位置、高度和速度来挑战。混合传球的位置，让球员决定需要一只手或两只手来接住篮球。

· 始终鼓励球员立即控住并获得三威胁姿势。

重点要点

· 总是先尝试双手接球。
· 阻挡，抓住，控制。
· 安全控制。

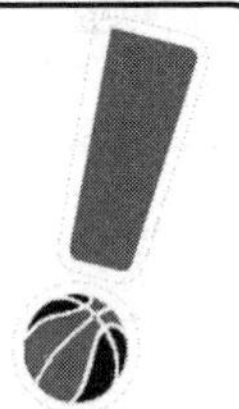

技巧 7

7. 拒绝定位和步法

（1）练习 1：防守位置和概念。

在球员对球员的防守中，防守的整个前提是从球员在篮球上防守开始的。任何防守球员只要有一次传球的机会，就会处于所谓的“防守位置”。从本质上说，防守球员是通过迫使进攻球员离开正确位置从而得到持球的机会。

防守位置是什么样的？为了便于解释，一般位于篮筐的前方，而另一个进攻球员位于右侧。

· 从身体姿势开始，处于防守位置的防守球员将处于防守姿态，身体背面朝向篮筐。

·在这种情况下，右脚高位，靠近三点线，左脚处于低位。

·右臂完全向外伸直，拇指向下，手掌朝向篮球。

·如果真要传球，手在篮球上的位置很重要，这样可以使篮球偏离方向，从而获得抢断。

·为了看到篮球和进攻球员，下巴放在右肩上。

·左臂将形成一个臂杆，以便在适当的时间与进攻球员接触。

·最后，队友之间的沟通是一种很好的做法。在这种情况下，球员应该向场上的队友表达“否认”。

重点要点

·防守姿态，背对篮球。
·高侧臂完全伸展。
·拇指向下，掌心向篮球。
·下巴在肩上。

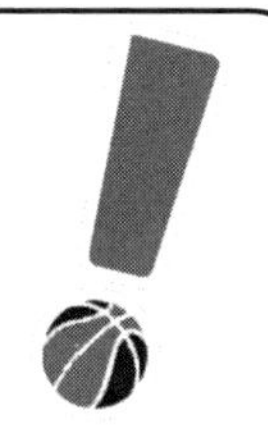

（2）练习 2：拒绝“V”型切入。

在上面概念的基础上，防守外围“V”型切入会非常好。当增加进攻动作时，防守球员滑动脚是很重要的，这和控球防守的概念是一样的，背后的角度不同，因为他是面对进攻球员与篮球而不是篮筐，但防守是完全相同的。用手臂与进攻球员的接触也很重要。

·球员距离球筐近的得分率要高于在三分线上投球，在盖帽时的身体接触很重要。

·随着进攻球员“V”型切入，防守球员将“向上移动”，创造一个假想的三角形，其中包含进攻和防守球员的路径。

·“上线”这个术语指的是两个进攻球员之间的假想线。

·要“沿直线”移动，防守球员身体必须沿着这条线移动。

·这一点很重要，其中一个原因是，它使得进攻球员更难以通过进入防守球员的身体范围来进行运球。

·这也会让进攻球员觉得篮下的场地更小，因为如果防守球员将篮下的空间缩小一些，运球穿透的空间就会更小。

·最后，如果进攻球员决定穿透，防守方在必要时就已经离缩小差距更近了一到两步。

· 要开始向球员介绍这些概念，首先是针对进攻球员进行步法和位置的练习。

· 在训练之前进行简单的分析并掌握它。在基线位置加强身体和空间的接触。

· 一旦球员理解了基础知识，请将定位更改为在高位或基线处。

· 确保球员在球场两侧训练，双手和双脚都很舒适。

· 在这个阶段，不要过于担心后面的阻拦，只需加强手的力量。

重点要点

· 防守姿态，背对篮球。
· 两臂完全伸展。
· 拇指向下，掌心向篮球。
· 下巴在肩上。

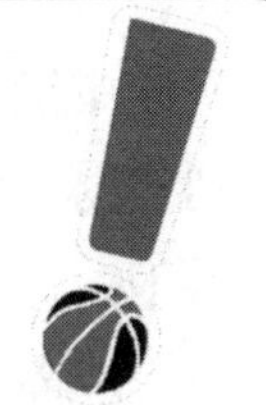

技巧 8

8. 过渡：技能转换

在大多数进攻中，防守球员会参加多次上篮、防守和助攻。学习所有这些技能对任何球员的成功至关重要。但是，在每个技能间快速有效的转换能力同样重要。

因此，应该像实际演习一样训练过渡。

引入始终跳向篮球的重要概念，最终目标是在进攻球员抓住篮球时在正确的位置。

下面的两个训练都可以与两名球员一起完成，一次是进攻，一次是防守，传球到教练，抢到篮球并确定正确位置。进行练习以吸引四名参与球员。教练可以将线条放在场地上，以便在不同位置迈出步法。

（1）练习 1：从低到高：永远的关键点。

· 随着球员对球员的防守迫使篮球运动员走向基线，由于脚基本上已经处于适当的位置，所以球员防守从球防守过渡到由低到高的传球更容易，所有球员必须做的就是在篮球飞行中跳起来。

（2）练习 2：从高到低：瞄准方向。

· 随着球员对球员的防守迫使篮球运动员走向基线，由于传球之前脚的位置，从球上防守过渡到拒绝传球，从高到低更具挑战性。

· 在篮球的飞行中，如果控球后卫没有立即在传球的飞行中跳到篮球，几乎完成 180° 转弯，进攻球员将能够在传球后面对切入后卫。

· 正面切入的机会说明了在传球飞行中跳向篮球的重要性和迫切需要。这是从一开始就要养成的重要习惯。

重点要点

· 在篮球飞行中摘到篮球。
· 篮球飞行的紧急动作。
· 瞄准方向。

下面的两个训练都可以与两个球员一起完成，一个在进攻中，一个在防守上，传递给一个教练，跑向篮球并确定正确的位置，无论传球是高还是低。有四名球员参与。教练可以将线放在地板上，以便在不同位置使用不同步法。

（1）练习 1：从低到高：底线到侧翼。

· 如果传球从低到高移动，从拒绝到球上防守的过渡更具挑战性。

· 再次在篮球的飞行中，球员将完成接近 180° 的转弯，关闭进攻球员的顶部脚，让球员退回底线而不允许在中间。

· 重要的是建立一些间距，取决于进攻的优势，因为进攻球员有一个实时运球。

（2）练习 2：从高到低：侧翼基准。

· 如果传球从高到低移动，由于脚在线上的定位，从拒绝到球上防守的转换要容易得多。

· 防守球员将取消对进攻球员的距离，保持在最顶端并保持适当的空间以进行即时控球。

重点要点

· 在篮球飞行中摘到篮球。
· 篮球飞行的紧急动作。
· 靠近顶脚，为现场控球手做好准备。
· 前进或后退正确的是枢轴脚，另一只脚可以移动，以便身体可以相应地旋转和转动。
· 指导球员在转身时旋转球，并在整个时间内保持良好的持球。
· 球员可以向任一方向旋转 180° 。“前转身”是身体向前转动，“后转身”是身体向后转动。

(五)拼抢篮板

1. 进攻篮板

通常情况下,篮球的控球权是在一次投篮失误后抢到篮板的结果。因此,篮板球无论是进攻还是防守都是篮球教学的一个重要方面。这个水平将决定一个球员的能力。此外,球员应学习如何处理篮板球。

技巧 1

(1)抢篮板后得分或传球。

这个练习教会球员一旦抢到进攻篮板球,该怎么做。

教练应经常提醒球员从初级阶段教授的“准备位置”抢篮板球。这个姿势要求球员的手和手臂完全伸展到头顶以上,稍微弯曲他们的膝关节,以达到最大的高度。

· 指导球员在跳跃的最高点用双手抓住篮球,而不是让篮球落到他们身上。

· 当一名球员抢篮板球时,头部和下巴应该向上,使球员能够观察场上变化。

在这一点上,对球员来说,确定是否有投篮机会是很重要的。

如果没有投篮机会,球员应该把球从篮下传给外线的队友。

重点要点

· 从适当的准备位置起跳。
· 用双手抓住篮球。
· 确定是投篮还是传球。

技巧 2

(2)罚球篮板球。

当罚球时,进攻球员应尽可能在禁区内排好队。

·当篮球击中篮筐时,进攻球员应立即走到篮筐下,抢先于内线防守球员抢到篮板。

·这使得防守篮板手更难以接触并阻挡进攻球员。

重点要点

·从防守篮板手那里获得尽可能多的空间。
·准备好举起手快速走到篮筐下。
·眼睛应该盯着篮筐,看到球击中篮筐。

2. 防守篮板

在这个阶段,防守篮板的基本技能包括投篮脱靶、身体定位、转身和阻挡。抢到篮板后传球,这就过渡到了进攻状态。

技巧 3

(1)身体位置和阻挡。

在篮球运动中,球员必须首先找到自己的主要对手,获得内线位置并用前后转身挡在他们的对手前面,使自己的背部与对手接触。这样做是为了确保进攻球员挡住防守球员,以便防守球员能够在投篮时看到篮球的飞行弧度。

·第一个动作是看清进攻球员的位置。

·在投篮前,向进攻球员靠近。

·前转身可以让防守篮板手在看见进攻球员向篮板移动时转身。

·后转身用于变换进攻球员的路径而没有相同的视觉接触。

·鼓励防守球员无论使用任何方法挡在进攻球员的前面,将进攻球员与篮筐隔开。

·一旦与对方球员发生接触,防守篮板手会保持这种接触直到起跳抢到篮板球。

重点要点

- 双手举高。
- 快速抢到篮板球。
- 时刻盯住篮球。
- 护住篮球。
- 寻找传球机会或运球。

技巧 4

（2）篮板、转身和出口传球。

在获得篮球控球权后，防守篮板球员应该立即用双腿着地。

· 鼓励球员在跳跃的最高点抢到篮板球，双手和双臂伸直。

· 篮板手应该迅速而有力地将篮球带到胸部，篮球上缘处于下巴高度。

· 头部应该将肩部转向最佳出口区域，并且肘部应该展宽。

· 保护篮球，使其靠近身体胸部高度，肘部伸出，双手放在篮球的两侧。

· 双脚着地时尽量保持平衡。

· 抢到篮板后，因为大多数球员都在三秒区内，所以球员必须远离三秒区。

· 指导球员在篮板手抢到篮板后立即转身进攻。

· 篮板手转身并传球给外线球员进行一个过渡。

重点要点

- 用胳膊、头部、眼睛进行适当的防守。
- 寻找传球机会。
- 适时传球给外线球员。

技巧 5

3. 罚球篮板

为了抢到罚球的篮板，最好的篮板手应该尽量靠近篮筐。

防守球员应保持平衡的姿势，膝关节弯曲，双手应高于腰部，眼睛应放在篮筐上，以防错过罚球。

·走向罚球线的另一边。

·在错过罚球后必须伸出手和手臂，进行阻挡。

·假设这个投篮没有进。

·当篮球击中篮筐时，防守球员走向罚球线的对角，挡住了他们旁边的进攻篮板手。

·指定的球员也应该阻挡投手。

重点要点

·用胳膊、头部、眼睛进行适当的防守。
·寻找传球机会。
·适时传球给外线球员。

（六）掩护

掩护是一项应该教授的基本技能。基础阶段增加使用身体控制来设置掩护的开始和结束能力，这是第 1 级的技能。重要的是，让这个级别的年轻球员知道如何设置掩护让队友传球，如何对使用防守的队友做出反应。

这个阶段还应该教授如何使用对防守球员的掩护的技能。

技巧 1

1. 设置掩护

在引导阶段开始教授设置掩护的技巧，包括掩护的开始和结束。

· 基本上，掩护是一个跳跃停止，膝关节略微弯曲，脚比肩膀、头部和下巴更宽，手和手臂交叉在胸部或臀部区域以起到保护作用的动作。

· 膝关节不能向外侧，必须在从臀部到脚部的直线上。

· 使用掩护要足够接近队友，以便他的防守球员能够进入掩护。

重点要点

· 脚应该比肩膀宽。
· 手和手臂应该在躯干前。
· 保持膝关节与臀部和脚部成一条直线。

技巧 2

2. 使用掩护

使用掩护可能看起来很容易，实际上需要反复学习并了解防守球员的位置。

·提供掩护的队员必须朝着与他们想要使用掩护相反的方向前进。

·如果进攻球员想要越过掩护，在越过掩护之前，应该先朝相反的方向迈一步。

·掩护时，球员应保持低重心姿态。肩膀应该在掩护者的臀部处。这将使防守球员很难防守住掩护。

·当球员从掩护前绕出来时，双手应抬起，并处于一个随时可以投篮的位置。

重点要点

·与预期掩护的方向相反。
·保持在低重心姿态。
·双手准备就绪。

技巧3

3.掩护类型

教学掩护的难点在于应该为进攻型球员提供什么类型的掩护。

这是由防守球员决定的。在这个阶段，我们正在研究没有防守球员的切入类型。 介绍几种类型的切入，重复练习，让进攻型球员习惯于每次切入时的步法。

·四种切入方法：反切、卷切、闪切、空切。

·在向后掩护时使用反切，或进攻球员抵制掩护时使用反切。

·卷切是掩护周围的紧密切入。

·闪切是一个进攻球员向掩护球员后退一步，或当进攻球员突然出现在边线时使用。

·空切用于打开侧翼，并将直接突破侧翼以接球。

·无论如何，球员都应该在使用掩护时保持低位，肩膀处于掩护球员的臀部。

· 在步法上，要有合适的切入，球员的步法应该从高到低，或从低到高。

· 在进行掩护时，双手需要准备好接球。

重点要点

· 保持低重心姿态。
· 适当的步法。
· 掩护球员要随时准备。

技巧 4

4. 掩护反切

掩护球员的主要工作是让队友使用掩护。

· 掩护员必须观察队友，确定要进行的切入。在掩护时，指导球员保持双脚比肩膀宽，并将肘部保持在身体前方。

· 一旦进攻球员切断掩护，掩护球员要对这些切入做出反应。提醒掩护球员往切入的相反方向走。

· 很多时候，最容易接到传球的球员是掩护员，必须做好随时接球的准备。

· 如果进攻球员进行卷切，掩护球员必须创造适当的空间。

· 掩护球员用闪切或直切上，冲到篮筐下。

· 教练应经常训练各种步法以不断提高。

重点要点

· 掩护球员必须观察队友以确定所做的切入。
· 掩护球员向切入的相反方向行进。
· 掩护球员应该随时准备好手掌接球。
· 重复练习。

5. 防守

对于基础阶段的球员来说，这个领域可能是非常新的。缓慢教学，在这个阶段，对掩护的认识是保护掩护球员最重要的方面。在这个水平中，重点是保护掩护：越过掩护前面，或在掩护后“交换”。

技巧 1

（1）挤过。

· 首先，球员在防守方面处于适当的辅助位置，掩护球员在设计一次好的掩护时会更加困难。

· 要在掩护前面，指导球员前面或内侧脚需要转移到掩护球员前面。这将使进攻球员很难掩护。

· 当内侧脚越过掩护前面时，膝关节伸直以越过掩护。确保内侧手臂向上，让传球方向发生偏转。

· 球员也可以使用外侧的手臂来防止进攻球员推移防守球员。

重点要点

· 从好的辅助位置开始。
· 内侧脚掩护在前面。
· 膝关节必须挺直。
· 举起内侧手臂使传球偏离方向。

技巧 2

（2）交换。

这可能是最简单的方法，从无球掩护防守教学开始。

· 当进攻球员掩护时，两个球员都应该发现掩护，并大声且清晰地呼叫对方。另一个球员回答并完成切换。

· 两个防守球员都必须了解掩护。

·防守切入的球员将变为防守掩护球员,防守掩护球员应该位于掩护球员的一侧以进入传球路线。

重点要点

·沟通。
·两个防守球员都必须了解掩护步骤。
·进入传球路线。

（七）投篮

投篮是篮球学习的必要基础，篮球比赛的目标是得分。这个阶段继续强调正确投篮所需的技能和技巧，这对于培养球员的投篮一致性非常重要。

技巧 1

1. 单手投篮

· 站在距离篮筐前面一步的地方，双脚保持平衡，膝关节略微弯曲，并与篮筐平行，球员将从篮球下方的一只手开始。手掌应朝上，篮球应保持在腰部水平。

· 引导手放在背后，让球员专注于投篮手的使用。

· 一旦球员在篮球上有适当的抓力（在手指尖上，让篮球和拇指之间有一点缝隙），将篮球从腰部水平移动到肩部。这对于球员进行篮球控制以及使用指尖是很好的。

· 肘部应呈“U”型，手腕应向后翘起，手握篮球的位置要正确。肘部应与投篮手的膝关节对齐。在开始向上投篮动作之前，在这个位置稍做停顿，以便做出正确的修正。

· 在停顿和修正之后，球员将开始向上运动，用投篮臂和腿一起发力。在跟进时，肘部应略微位于耳朵前方。中指应该引导后续动作，四个手指指向地面，好像球员从头顶上方的罐子里拿出一块饼干一样。

· 眼睛应该盯着目标——篮筐，直到篮球落地。理想情况下，如果后续动作产生正确的下旋球（并且篮球不接触篮筐），那么篮球将会从反弹中旋转回投球手，而投球手不需要移动抓住篮球。

· 继续加强适当的练习。当球员对技能感到满意时，应随着投射距离的增加改变地板上的位置，注意不要延伸太远。

重点要点

· 从始至终关注练习的细节。
· 鼓励恰当的练习。
· 上下身协同工作。

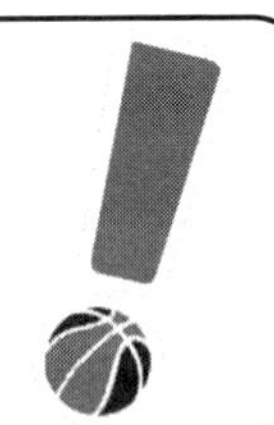

技巧 2

2. 双手投篮

完成上述练习后，将球员从篮筐移回边缘前一步。

（1）练习 1：定点投篮。

· 使用上面所述的相同姿势和技巧，让球员添加辅助手。

· 放在篮球上，用双手的拇指创造一个大的“T”型展开。

· 很重要的一点是，辅助手的作用是导引。手应与篮球保持在头顶上方。此时，辅助手将停止不动，让投篮手完成投篮动作。

· 初级球员倾向于用辅助手推动篮球，这是不对的。继续加强训练，通过重复适当的训练来练习球员投篮的一致性。

（2）练习 2：起跳投篮。

· 当球员熟练掌握该技能时，在不增加距离的情况下，在练习中加入一个小跳跃。这将有助于球员更加熟悉上下身在整个投篮过程中如何协同工作。

· 起跳时，球员身体应保持平衡。理想情况下，球员将从相同或略微向前的位置起跳和落地。如果跳跃的惯性将他们向侧面或向后移动，请务必纠正球员。通过运动和跳跃控制惯性非常重要。

重点要点

· 加强正确的投篮技巧。
· 确保辅助手的指向。
· 保持跟进。
· 在增加跳跃时，要特别控制惯性。

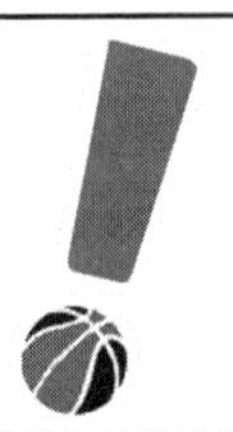

技巧 3

3. 自我传球投篮练习

一旦球员开始适应投篮的方式，应做到的是在接到传球后，练习投篮所需的步法。

· 指导球员以三威胁姿态开始，距离篮筐前方约 1.5 米。运动员将通过正确的下旋将篮球直接扔到自己面前，从而将篮球传给自己，这样球在弹起后就会返回。

· 当篮球返回时，球员将开始迈出一只脚走向篮球，然后是另一只脚，走一两步。这个概念通常被称为“空中球，空中脚”。

· 如果一名球员是右利手，最自然的是先用左脚主导，右脚跟随。在这个特定的例子中，左脚将被视为“内脚”。

· 在拿到篮球时，要养成屈膝的习惯。当球员开始扩大投篮范围，这对于发展力量和速度非常重要。此外，球员应该加深对步法时间的理解，以避免来回跑动，同时保持势头和速度。

· 球员传球给自己这个过程很重要，不是从队友或教练那里得到真正的传球。在这种技术下，篮球的速度要慢得多，这样球员们就能发展出正确的步法，而不是仓促行事。这让球员能够自己控制，以自己的速度前进。

· 一旦球员在内侧脚处接篮球，球员将开始如上所述的投篮动作。提醒队员将篮球接低，在投篮过程中控制好动作，然后像之前练习的那样完成投篮。

· 当球员开始形成正确的步法时，再让球员使用相反的步法接球。在这个阶段，重要的是开始让球员适应以双脚为主导。

重点要点

· 接球要低。
· “球在空中，脚在空中”。
· 控制运动。
· 鼓励和加强适当的投篮技巧。

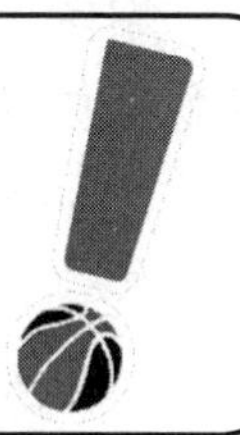

技巧 4

4. 单脚跳投

对于球员来说,单脚跳投比双脚跳投要麻烦得多,要注意不要为了学这项技术而牺牲了其他正确的技术。

练习和完成此技能与上面概述的过程非常相似。唯一的区别是球员单脚跳跃投篮,而不是双脚。

指导球员使用“空中球,空中脚”技术。在这种情况下,球员不是先移动一个脚,再移动另一个脚,球员将同时移动双脚。

时机的选择对于避免来回跑动、提高双脚的固定能力以及帮助快速起跳都是至关重要的。

提醒球员在低位接球,在接球时使用快速的低位跳停。很重要的一点是要密切关注球员在运动过程中控制惯性的能力。

一旦拿到篮球,球员将进行投篮动作。教练应改变球员在球场上的位置、距篮筐的距离,以及随着球员进步的改变接球角度。

重点要点

- 接球要低。
- “球在空中,脚在空中”。
- 在运动期间控制惯性。
- 鼓励和加强适当的投篮技巧。

技巧 5

5. 五分钟热身投篮

很多时候,球员会走进体育馆并立即从三分线开始投篮。这影响球员正常热身以及投篮技巧。

运动员每次训练之前都可以先进行 5 分钟的热身投篮,就像之前的训练一样简单。例如:

· 训练 单手投篮:在篮筐一到两步的距离处;

· 训练 双手固定投篮:从篮筐一到两步的距离处;

· 训练　双手起跳投篮：从篮筐四到五步的距离处；

· 练习　双人投篮：在篮筐六到七步的距离处开始，然后继续增加距离。

如上所述，当球员通过变换形式、技巧和技术，球场上的位置就会随着距离的变化而变化。

强调每次进行训练或比赛前都应该使用这种类型的投篮训练以帮助热身，养成良好的习惯。

重点要点

· 加强上述所有技术概念。
· 鼓励使用技巧而不仅专注于投篮命中率。

技巧 6

6. 上篮——从强侧上篮

· 刚开始学习上篮的步法和技术时，最好先不要运球。

· 从篮筐下走两步开始，首先集中在强侧上篮。为了便于解释，以下将右侧作为强侧。

· 让球员在篮筐右侧 45° 角站立，离篮筐两步远，将篮球保持在腰部水平。然后球员用右脚迈出一步，然后左脚着地，将右膝向上顶。

重点要点

· 形成正确的步法和膝关节驱动。
· 使用双手。
· 控制动力。
· 正确使用篮板。
· 在步法中运用运球来提高流畅性。

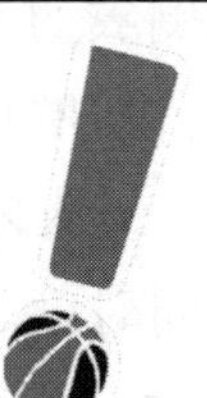

技巧 7

7. 接球投篮

这项技能类似于技能 3,但区别在于球员将从队友或教练手中而不是自己手中获得篮球。对于球员来说,最大的调整是从另一个人处接到篮球。

· 提醒球员使用“空中球,空中脚”技术。

· 球员站在距离篮筐 3 米远的地方,传球的人应该从篮筐下传球,这样才能保证投篮手与篮筐的距离。

· 当进行传球时,从前文描述的两步模式中的内侧开始,投篮手将一步一步地移动,拿到篮球并进行投篮。

·一旦“两步急停”的模式变得流畅,球员可以开始跳接篮球。

重点要点

· “空中球,空中脚”。
· 接球要低。
· 控制时间。
· 强化正确的投篮技巧。

技巧 8

8. 传球:采用一到两步的模式接球

第一次学习步法时,最好形成一个自然角度。例如,让球员从侧翼直切到肘区,然后从另一边的肘区接球,这样就会形成一个自然的内足直角。

· 从侧翼开始,投球运动员将开始切向肘区,传球将与投球手同时就位。投球手固定,脚内侧与脚外侧成直角。

· 摆好姿势和低位接球都很重要,这样才能在投篮后保持腿部的爆发力。此外,球员需要改变切入的力量,来使用实际投篮的力量,从起跳点直接向上或稍微向前提升。

· 在这个阶段上,熟悉不同的组成部分非常重要,并且能够在整个投篮过程中协同工作,而不是与身体对抗。

· 一旦球员熟悉了这个步法,让球员移动到球场的另一侧,使用相反的脚作为内脚。当球员对两侧的步法运用自如时,调整球员接篮球的角度,使其比其他球员具有更高水平。

重点要点

- "球在空中,脚在空中"。
- 步法的时间安排。
- 接球要低。
- 控制和改变时间,从切入增强投篮。
- 强化适当的投篮技巧。

为了帮助球员记住哪个膝关节向上,可用一个绳子连接到右膝关节和右肘关节。当右手肘抬起准备上篮时,绳子会将右膝向上拉。

· 右膝和右肘同时上升,使球员向上跑动,跳向篮板,并用右手投篮。

· 提醒球员完成上篮,就像他们在之前的投篮技巧中所做的一样。

· 球员的目标应该是击打篮板上的正方形。这些步骤的动力应该会让球员直接或略微领先于他们起跳的位置,力量更应该向上,而不是直接朝向底线。

· 一旦球员对步法感到熟练,允许球员向后移动一步并增加运球。确保他们仍然以先右后左的步法结束。

· 随着球员的进步,可以添加两个运球等。

· 球员保持一个 45° 角是非常重要的,这样就可以养成从这个位置投篮的习惯。同样,这是比赛中上篮的理想角度,可以增加篮板抢断率和投篮的命中率。

· 当球员熟练了强侧上篮以后,逐步过渡到弱侧上篮。提醒球员向上推动对侧膝关节并用相反的手投篮。

· 使用双手的能力对于球员的发展至关重要,即使球员不能弱侧手上篮,也要鼓励球员多使用弱侧手。

·完成与上述相同的过程,直到步法和弱侧的使用变得更加熟练。

技巧 9

9. 传球和即时接球

此技能与技能 8 中详述的技能相同,不同之处在于球员将在跳跃中即双脚悬空时接球。

·重点是抓住篮球以增加投篮的力量并提醒球员注意切入的时间。

·跳跃会让球员有更多的自由动作,但这并不是必需的。有时,球员会退到一边或后退,确保任何来自切入本身的时间并在击球时直接向上或稍微向前。

·如果练习的好,跳跃可以比使用两步急停模式更快地投篮。至关重要的是要正确练习基本功,以便为投篮提供力量,特别是当球员想扩大投篮范围时。

重点要点

·技能 8 中概述的所有要点。
·特别强调控制切入的时间。

技巧 10

10. 以一步到两步的方式投篮

与上面类似,最好通过在篮球场上使用一个简单的角度来引入这项技能,以便球员在运球时成功地与篮筐成直角。

·从罚球线上开始,让球员在投篮手的方向上以一个理想的角度运球。为了方便理解,球员先向右运球一次。

·运球时,球员会将左脚或者右脚放在内侧。重要的是,球员要把外侧的脚绕到身体的周围,使之完全成直角。

· 如上所述，球员会降低步法来增加投篮的力量，提醒球员也要控制切入的时间。

· 再次强调，球员应该在投篮开始的地方或稍微超过那个位置着地。

· 指导球员在做步法时从地上接到篮球直接投入篮筐。

· 当球员对强侧的步法感到熟练，改变方向练习弱侧。由于运球位于投篮发生位置的另一侧，这方面可能需要加强练习。

· 当球员左侧运球时，球员将在这种情况下加入内侧脚或右脚，然后是外侧脚或左脚。

· 适当的投篮距离和时间控制是非常重要的。

· 请记住，为了投篮，球员需要将篮球从身体的左侧传到右侧。

· 很多球员都想通过交叉运球来实现这一点，但防守球员在场的情况下，交叉运球很可能会被抢断。指导球员用左手运球，这要求他们在半空中将篮球换到右手，不需要额外的运球。

· 如果球员在最后一次运球时确实将篮球击到了地板，这有助于更快地执行这一转换。

· 如前面所述，一旦篮球在投篮范围，球员摆好姿势，起身投篮。

· 随着球员的进步，要使用更加有难度的投篮角度，并加入额外的运球。

重点要点

· 进攻姿态完全展开。
· 从低位开始进入进攻姿态。
· 控制力量。
· 尽快让篮球从地板到投篮范围。
· 无多余的运球。
· 加强适当的投篮技巧。

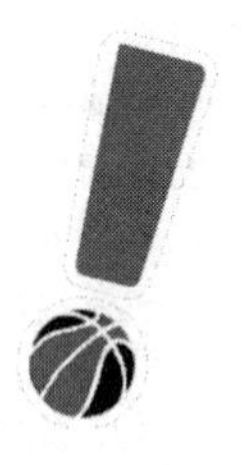

技巧 11

11. 罚球

有很多理论是关于正确罚球的：跳跃与不跳跃，长时间训练与短时间训练等。这种方法似乎并不是最重要的；一致性才是最重要的。

· 球员应该养成让自己感到舒适的一种习惯，并且在每次罚球练习中都要坚持完成。这种一致性让球员能够发展肌肉记忆，这样他们就不必在紧张的比赛环境中专注于技术或技巧。

· 日常训练时的一致性和成功的重复性越多，球员对罚球过程的信心就越强。

· 动作要足够短，使运动员能够在 10 秒内从裁判手中接住篮球，完成动作并投篮。

· 投篮本身应该包含与整个阶段概述相同的理念和投篮基础，最后用中指在篮筐中心进行跟进。

· 在这个阶段，为每位球员的罚球制定出自己喜欢的方式，然后重复这个过程来增加一致性。

· 同时，在其他人观看的情况下，如在比赛中，强化球员在罚球线上执行罚球动作的能力。需要在罚球线上全神贯注，这对早期的发展是很重要的。

重点要点

· 日常训练。
· 执行相同的路线并保持一致性。
· 重复练习。
· 鼓励在罚球线上全神贯注。
· 鼓励所有投篮基础 / 理念的使用。
· 专注于技术磨炼。

（八）团队防守概念

等级 2 引入团队防守概念，半场球队防守逐渐从 1V1 增加到 2V2、3V3、4V4，最后 5V5 的团队防守。当进攻打破防守时，加入辅助侧防守以及轮换。在等级 2 中，作为防守概念的一部分，我们将介绍传球道路的防守、球外防守和防守转换。

技巧 1

1. 防持球技术

· 站姿应是双脚略比肩膀宽，眼睛注视进攻球员的腰部，内脚向上，内手向下，头部低于进攻球员的肩膀。

· 在防守时，最好的练习是让进攻球员从底线开始。进攻球员在第三个半场"V"型切入，同时运球到相反的底线。后卫在整个球场上，与防守运球者保持适当的位置。

· 防守队员保持正确的姿势，努力阻止进攻队员接近篮筐投篮。

· 在半场的任何位置开始 1V1 比赛，限制进攻球员进行一两次运球。防守队员控制进攻队员和篮筐之间的距离。在投篮时，防守队员要把手举得高些并喊出投篮和抢篮板。

· 在底线上让球员做"锥形桶训练"，让最靠近边线的球员带球。

· 在半场线前面设置几个锥形桶，大约相距 1.8 米，进攻球员和防守球员面对底线上的锥形桶。

· 在教练的指挥下，进攻球员在他面前的锥形桶上运球，防守球员绕着锥形桶快速跑动，并且在防守位置上进行防守。

重点要点

· 通常情况下，保持低位的球员会赢得对抗，所以防守球员的头部低于进攻球员的肩膀是很重要的。

· 内足是最接近边缘线的脚，应该是交错站立。这让进攻球员退到边线/底线，而不是中场。

· 随着运球队员以防守的方式将防守球员带到球场上，防守球员将随着运球球员方向的每次变化而后退。

· 防守球员举手来完成所有 1V1 的练习，喊出投篮并抢进攻队员的篮板球。

· 防守球员必须设法迫使进攻球员在 1V1 的情况下使用他的弱侧手。

· 防守球员步法的关键是将脚移动到他将要拦截运球球员的方向。

技巧 2

2. 绕前防守

·防守球员的防守位置中断了进攻球员在他自己想要接球的位置进行接球。

·防守姿势是膝关节弯曲，胸部面向进攻球员。内侧手向上向外，拇指向下，手掌向进攻球员打开。

·下巴转向球，以便看到球和他正在防守的进攻球员的传球。

·防守队员的上脚掌要比进攻队员的脚靠前，以便直接截断进攻队员传球给接球手。

·教练拿球在底线开始，进攻和防守球员从侧翼位置开始。

·进攻球员可采取任何进攻方式——“V”型切入、“L”型切入、封盖式切入——来获得开球机会，而防守球员也会采取拒绝传球的方式。

·一旦传球完成，进攻球员将采取行动，一对一地对抗处于防守位置的防守球员。

·练习进行到 2V2，后卫在上端防守，进攻球员在边路配合，面对防守球员接球。

·3V3，让两个边路位置都能成为防守方的潜在接球者，进攻球员在边路上方将球传给队友。

重点要点

·对于防守球员而言，与正在接传球的进攻球员保持约 1 米的距离是很重要的。防守球员不允许与进攻球员“靠近身体”，然后进行防守。

·防守位置不一定能抢断，可能会使进攻球员在正常区域之外接到传球。

·手臂和前脚应该在传球路线上——这是球和进攻球员之间的一条线。

·即使防守球员处于防守位置，需要注意的是如果其他防守球员能够绕过他，也有可能阻止进攻球员的运球。

·2V2 或 3V3 是实施 1V1 防守的绝佳方法。

技巧 3

3. 协助防守

· 协助防守是将团队防守结合在一起，构建共同防守的概念。

· 强侧是球场中带球的一侧，篮筐线是强侧和弱侧的分割线。补防方是球场上不带球的一侧。

· 补防方防守基于球线，即球从球场一侧的进攻球员到球场另一侧的进攻球员的路径。

· 补防方后卫应该距篮筐一步距离，以便能够看到球和他的队友。

· 一个好的入门训练是让防守和进攻球员在球场的一边，教练在球场的另一边。防守队员站在补防侧，离球线一步距离，一只手对着球，另一只手对着进攻队员。

· 当教练将球从底线移动到侧翼时，随着球线移动，补防的防守球员要调整他的补防侧防守。当教练运球到新的位置时，补防的进攻球员停留在另一位置。

· 带球的教练停留在一个位置，而补防侧的进攻球员在基线上下移动到侧翼，防守球员调整他的补防侧位置以保持距离球线一步。

· 2V2 的比赛中，防守方变成补防方。球从一边开始，进攻球员以三威胁的姿势持球。防守队员处于良好的防守位置。补防方的后卫在一个很好的"球—你—人"三角篮线外。

· 进攻球员将球传到对面的侧翼，当球通过时，防守球员将从球侧移动到补防侧。

· 进行 2V2 训练，进攻球员将从底线运球到侧翼，在防守球员保持适当位置的情况下进行跳传。

· 增加一名弧顶进攻球员和两个边锋成为 3V3 的训练。弧顶的进攻球员先将球传给边锋。防守队员先在侧翼和弧顶的控球防守上进行防守，然后移动到补防侧和球侧，在侧翼完成传球时的防守。

重点要点

· 补防方防守球员需要始终采取防守姿态，并随时准备在进攻球员移动或球移动时快速移动。
· 随着球的移动和球员在场上的移动，球线不断变化，后卫必须适时调整自己的位置。
· 边线是一条想象中的线，它从一个边沿延伸到另一个边沿，是防守方处于有利位置的焦点。
· 重点在于补防方后卫的位置取决于球的位置。如果球在罚球线以上延伸，防守一方的后卫可一步从边线迈到进攻球员。如果球在罚球线以下延伸，防守队员头部位于边线处。
· 当从补防方移动到球的位置或从球的位置移动到补防方时，处于良好防守位置的关键是在传球的空当时间移动。当进攻球员接到传球时，防守球员将处于非常有利的位置。
· 球侧防守队员必须旋转脚内侧，当球被对方侧翼接住时，必须快速跑向边线，控制较好的位置。
· 在 3V3 的比赛中，当球从一个边锋传到另一个边锋时，后卫必须从防守位置移动到补防边锋。

技巧 4

4. 轮转防守

· 当进攻球员利用运球打破防守或让进攻球员带球突破防守时，防守就会发生轮换。

· 运球球员越过防守球员时，补防侧防守球员必须轮换以阻止运球球员攻击篮筐。

· 轮转的主要规则是上下轮转，这意味着球轮转后向下辅助队员，队员之间要互相帮助。

· 教授轮转的最佳方法应该从 2V2 开始，球从防守球员的侧翼开始，补防侧后卫位于篮筐线上，以防守补防方的进攻球员。

· 当进攻球员向底线运球时，补防侧后卫调整自己的位置，保持在篮线上处于比较不错的“球—你—人”三角位置。

· 如果进攻球员绕过防守球员并且攻入篮下，补防侧防守球员必须越过边线，最好是在球场球侧的球道外阻止运球球员。

· 3V3 轮转时，补防侧后卫在底线上抢断球，同时顶部防守球

员将向拦截侧翼并使用上下轮换的概念传球。

· 4V4 允许完全轮换。球从侧翼运出底线。对方侧翼跑过来阻止运球者在三秒区外侧运球。这可能会导致陷入麻烦或停球。上方后卫掩护篮球并通过三秒区,以防止中路传球。

重点要点

· 防守球员必须始终能够看到球和他们的进攻球员，确保当运球球员越过防守球员时做出正确的轮换。
· 如果进攻球员的底线越过防守球员，补防防守球员需要处于轮换到球的位置，并在三秒区外阻止进攻球员。
· 防守球员应该跟随着运球球员移动到底线，这样可以保持稳定的轮换。
· 在 4V4 的训练中，侧翼的防守球员突破底线后，跑到球道区域去进行抢断。

技巧 5

5. 穿过防守掩护

· 防守无球区包括交流和防守球员对无球区做出反应的能力,这种情况在防守的补防队员身上经常发生。

· 场外防守需要适当的辅助控球位置。

· 当进攻球员在掩护下转移球时,防守球员后退一步,为进攻球员创建一个“窗口”,队友利用掩护到掩护球员后面。

· 防守球员需要保持良好的篮球位置,伸出双臂,帮助他们调整掩护。

· 在切换之后,正在切换掩护的防守球员在轮换掩护时将快速地进入球侧。

· 掩护的防守球员也可以将前方的脚放在掩护者前方,这样防守球员掩护时就可以和进攻球员保持一致。

重点要点

- 如果防守球员处于合适的补防位置，进攻球员将难以被掩护。
- 补防球员必须能一直看到球和自己的队友，进行掩护。
- 通过创建“窗口”，掩护球员的防守球员可以轻松地进行掩护。
- 如果进攻球员是负责掩护的，防守球员应相互沟通掩护。
- 轮换是非常好的阻止投篮手得分的方式，截球后卫在传球通道上防守投篮手。
- 如果防守球员试图通过掩护顶部区域与队友保持一致，他必须将胸部靠近掩护球员的身边，以便进行掩护。
- 请记住，掩护开始后，掩护球员可能会以滚动或弹出的方式来打开传球。
- 防守无球掩护的关键是沟通，保持防守位置并判断进攻球员将如何行动。

技巧 6

6. 防守转换

· 防守转换很重要，防止进攻球员快速突破进球。

· 在投篮时，指定的进攻球员（通常是控球后卫）应该是第一个回来阻止快攻的球员。

· 第一个防守后卫不应让任何进攻型球员在他身后获得一次得分或越过他传球。

· 第二个后卫应该在罚球线以外区域，第一个后卫在三秒区上。

· 这可能会造成 3V2 的局面，即后卫先传球——通常是传给边路球员——而顶级后卫落在球道中央，把球传过三秒区。

· 防守过渡的第三个球员位置应视情况而定，但最常见的是在罚球区，这个区域是开放的，当顶级后卫在三秒区传球后，第四和第五防守队员冲向球场后将会观察哪个进攻球员区域是开放的并且去这个球员弱侧区域和后面区域。

· 3V2 快攻练习中拖后的队员，对于这个年龄组来说是一次很好的防守转换训练。两支球队都在边线上，每支球队的中锋线上是排名第一的球员。

· 训练开始时，两名后卫在三秒区串联起来，三名进攻球员将球带入进攻端。

· 突破两名后卫并得分，当球越过半场线时，第三个后卫跑动并触及中间圈，然后是第三个后卫与三个进攻球员。

· 另一队的两名防守队员也会跑到半场线附近，然后冲刺到另一端，形成串联，准备防守即将转换的三名队员。

· 三名防守队员将进行进攻，进攻队员将排在队尾。

· 每当球在半场线被传过时，三个球员上场，两个新后卫和一个后卫加入到比赛中来。

重点要点

· 第一个防守后卫——得分后卫必须尽力阻止进攻球员运球到前场。他的主要职责是放慢速度，阻止或者把运球者推到球场的一边，“争取时间”让他的队友赶来，帮助阻止这种转换快攻。
· 穿越三秒区的传球是进攻球队最可能尝试的传球方式，重要的是，顶级防守队员要掩护这一传球，这可能会让罚球区处于开放状态。
· 3V2 拖后训练允许在转换情况下同时进攻和防守。
· 沟通是阻止良好转换团队的关键。先停球，让防守球员有时间回到防守转换阶段。
· 一个好的防守转换团队必须首先冲到三秒区区域，然后奋力寻找防守的进攻球员。

（九）球队进攻的概念

在这个阶段，球员准备采取更有组织的进攻战术，例如转换中的优势机会，转换中的半场间距，篮球外掩护，进攻以及无球跑动。将运动概念引入到球员所在的位置，而不是被标记为中锋，控球后卫或侧翼。位置技能是在运动进攻的框架中发展起来的，进攻突破是篮球的重要组成部分。

技巧 1

1. 转换中的优势机会

· 转换是从篮板球球员传球给位于后场的队友或篮板球球员运球开始的。

· 一旦后卫拿到传球，球员必须尽可能快地将篮球置于两个边线之间的中点处。

· 在入门阶段，随着转换的开始，球场两侧应该各有一名裁判。

· 由球员在球场中间进行决策，必须在练习气氛中进行训练和执行。

· 有几个规则决定了球队的决策——只为转换投篮提供与防守球员一样多的传球。例如，如果发生两次进攻与一次防守，则应在一次传球后进行投篮。如果出现三名进攻球员对两名防守球员，则应在两次传球后进行投篮。

· 带球的中间球员需要尽快将篮球传给边线上的切入球员，然后填补最接近切入球员的罚球线，以便可能将篮球传回来投篮或传给另一侧的切入球员。

· 随着篮球的推进，剩下的两名球员将跑到中间球员对面的低位和高位。

· 从半场开始抢占优势机会。两名进攻球员在半场开始，一名后卫在三秒区上。其中一名进攻球员会在防守球员身前运球，然后根据防守队员的反应决定是传球还是投篮。

· 从半场开始时有三条防线，两名防守球员处于防守位置——一名防守球员位于罚球区，另一名防守球员位于篮下。当篮球传给切入球员时，底部防守球员将防守第一传球，高位防守球员在篮下落地，从一个边锋传给另一个边锋。这使得罚球线区域的传球者空位。

重点要点

· 快攻是在防守队员获得控球权后才开始进行的。球员不能期望控球，也不能过早开始转换。
· 传球是开始转换的最佳选择，这是一个更快的带球到前场的方式。
· 有利的是，在一侧上的切入球员略微位于球场的相对侧上的切入球员前面。
· 篮球不应该从边线切入传递给另一侧切入球员，这会使防守球员出来抢断。
· 从一个边线发出的最佳传球是传给在罚球线区域的中场球员。
· 当一个 2V1 的情况发生时，最好的传球是防守球员停止运球时的击地传球。
· 当 3V2 的情况发生时，第二次传球将传给位于罚球线区域的中间球员。如果底部防守球员冲到中间球员的身后，让对方边路空当，可能会有第三次传球。

技巧 2

2. 转换时的责任

· 在这个阶段,所有五名球员都应该准备在一个有组织的过渡球道中进攻,包括两条外线、两条内线和一条中间线。

从两条线开始——一条在底线上,一条在与底线同侧的侧翼上。底线上的第一个球员将面对篮筐,把篮球扔到篮板上,然后跳起来,伸手去抢篮板。

· 侧翼线上的第一个球员是传球球员。篮球由他的队友控制,并且寻找出球机会。双手向上,背部平行于边线。

· 篮板手将向头顶传球给侧翼的传球球员,然后快速跑向外线,在对面篮筐上篮得分。

· 球员运球到中间位置,然后传球给篮板手进行上篮。运球球员将在罚球线的肘部区域运球并传球。

· 球员将以相同的方式切换位置并返回——前篮板手现在是传球手, 前传球手现在是篮板手。

· 训练继续使用三条线进行——两条侧翼线和一条底线。篮板手将篮球从篮板上扔下,然后传给他身边的球员。他跟随传球填补了外线。

· 球员将篮球运到球场中间,然后传球给侧翼球员。侧翼球员在外线进行上篮,篮板手将处于抢篮板的有利位置,运球手将停在罚球线上等待可能的传球。

· 增加练习的另一条底线,现在的训练是四名球员在底线球员没有篮板球的情况下,增加运球球员对面的一条内线,并且在运球球员对面的篮筐顶部进行来回传球。

· 增加第五条线——该队员将在篮筐线附近,等待来自中间球员或边锋的传球。

重点要点

- 当投篮后，五名球员必须处于篮板位置抢篮板球开始转换。
- 一传球员必须喊出一传，让篮板手知道他在一传的传球位置。
- 所有球员必须来回跑动到训练中的每个位置，熟悉所有转换路线。
- 篮板球员可以先抢到篮板球，然后运球到前场，而不是传球。
- 当球员跑到篮筐下时，运球球员可以将篮球传给他，让他轻松投篮，也可以将篮球从运球者传递给外线，然后传递到跑向篮筐的球员。

技巧 3

3. 半场间距

这在基础阶段中有所涉及，但现在我们试图在有了半场间距的情况下来尝试半场得分。

· 从三个球员开始——一个位于罚球线以外区域，两个分别位于每个侧翼的罚球线上。

· 从高位的球员运球开始，然后传给侧翼的球员。传球后，球员将切入篮筐。

· 侧翼直接切入罚球线并寻找传球机会。如果没有接到传球，他会去罚球线以外区域，并替换篮下切入的球员以保持适当的间距。

· 篮下切入的球员与直接切入的球员相反，转到侧翼。

· 当篮球从侧翼传递到罚球线以外时，传球的侧翼将有一个切入点，以便篮球能够传到他手中。

· 篮球从罚球线以外的区域传递到侧翼，并切入篮下。最初接球的边锋现在在罚球线区域直接切球，如果在罚球线区域没有传球给他，就会弹出到罚球线区域以外。

这个练习现在可以扩展到五人。

半场间距练习，增加两名球员。

现在在底线上，球员只需要填满 5 个位置——从边线和底线球员交换位置开始，或者从边路为底线球员掩护开始。

· 训练开始时如前所述，当球员传球到边路后，在罚球线以外的区域切篮。底线球员移动到边路后，边路球员直接切入篮筐，填补关键的位置。

重点要点

- 侧翼球员必须通过其中一个切入打开传球："V"切、"L"切或侧切。
- 在切入时，球员应首先向相反的方向迈出一步。
- 直接切入篮球的侧翼必须准备好从侧翼接到传球。在传球时，他将转动他的内脚，并以三威胁姿势对准篮筐，进行投篮或上篮。
- 切球后适当的间距有时很难，在地板上铺上呈"X"型的胶带可以帮助球员在半场时实现适当的间距。
- 当球员移动时，他们应该改变速度和方向，这样可以增加防守难度。
- 在切球时，双手应该准备好抓住篮球。

技巧 4

4. 没有篮球的进攻和移动

· 在这个阶段，在没有篮球的情况下练习攻击和移动是非常重要的，教这个的最好的训练叫做"封喉战"。

· 这是一个快节奏的练习，每队四人并排站在底线上。每支球队都应该有不同颜色的球衣，这样可以很容易地分辨出谁是哪支球队的队员。

· 教练在半场附近，他是这次训练的唯一裁判。如果有另一名教练，他将在底线上，确保下一支球队在适当的时间上场。

· 进攻球队有三个主要规则：每次接球时，球员必须站在篮下，传球后球员必须移动，上篮的球员必须转身指向传球者并大喊"谢谢"。

· 进攻球队的工作是在规则内得分，如果他们得分则会继续保持进攻。

· 如果进攻球队由于没有执行其中一项规则而没有得分或退出，则变为防守球队进攻，新球队始终处于防守状态。

· 在得分或改变控球后，篮球很快被传递到教练手中，教练将传球给进攻球队开始新的进攻。

· 3 个或 3 个以上的团队参与训练效果最好，每天记录球队的输赢使训练变得非常有竞争性。

·球队可以每天变化,球员不用每天和相同的队友一起训练。

重点要点

·球队必须以非常快的速度上场,否则教练可能会让他们回到队伍的末尾。球队在沟通中很糟糕或者离场太慢,裁判可能会扣分或者让该球队跳过这一回合。

·如果其中一条规则没有及时完成,那么得分不计算在内,并且该球队将被告知退出球场。举例来说,在一次投篮中,如果球员动作太慢而无法指出并感谢传球者,那么这个投篮就不算数。球员都很熟悉比赛,可以添加其他规则。例如将运球限制在一两个,必须让所有球员在投篮前接触篮球,篮球必须通过强壮的一侧转移到需要帮助的一侧或其他任何规则用来辅助训练。

·如果接住篮球立即运球,这违反了规则,因为在运球之前球员必须将接到的篮球在地板上摆好。

技巧 5

5. 掩护持球球员

·在教授篮球掩护时,最好从2V2的情况开始,让掩护球员远离篮球,设计掩护。

·在设计掩护时,掩护的球员会密切关注防守球员,预测他的移动方向。

·2V2的练习,球员传球给教练,球员可以从罚球线以外的区域开始,然后传给边路的教练。

·传球者会为他在另一侧的队友设计一次掩护。掩护的球员将在相反的方向采取“V”型切入,他想让防守球员进入掩护。

·这应该在球场上的不同位置完成——让传球者从侧翼开始,教练从罚球线外的区域开始,并为该区域的队友掩护。

·传球手可以在后场,然后传球给侧翼的教练,并在对面的区域为队友设置一个横跨球道的掩护。

·这很容易扩展为3V3练习,这是教授许多篮球技巧的好方法。篮球传递给正在被防守的队友,而不传给教练。3V3能够提升球员技能，然后再进行 4V4 或 5V5 的比赛。

· 前面提到的“封喉战”训练将是一个很好的训练，可以用来指导跑动掩护。对于传球者的规则是，每次传球后，他们都必须掩护队友离开篮球场。

· 这种残酷的训练从每一侧的下掩护开始，这样教练（裁判）就可以用下掩护把球传给进攻球员。

重点要点

· 掩护球员的脚要比肩膀宽，膝关节稍微弯曲。两手臂和肘部的间距必须小于身体宽度，避免非法掩护。
· 使用掩护的球员不应该盯着篮球，要盯着防守球员。
· 使用掩护的球员必须能够“V”型切入并在掩护时保持他的手和手指向上，这样他就能够处于接球和投篮或快速移动的位置。
· 掩护的篮球动作是球员改变方向和速度以使对方难以防守。

技巧 6

6. 运动概念

· 运动概念已经在几个地方被提及，是大多数进攻的基础。

· 一个简单的动作进攻发生在一个控球后卫、两个侧翼和两个底线球员，这可能是开始进攻的最常见动作。

· 进攻也可以从两名后卫开始，两个侧翼和一个底线球员在低位或底线区域。

· 小而快的组织想要分散场地，创造机会把球投进篮筐。五次传球可以提供很好的空间，它将有效地接近篮筐，保证球场中间开放。

· 攻守平衡是执行战术和进攻的必要条件，间距总是相隔 4.5 米左右。

· 保持中场或球道区域的开放是一种非常好的进攻策略，切球球员能够在没有太多防守队员的情况下穿过球道来接球。

·当一名球员切入到篮筐位置并且没有接到传球时，球员应该继续通过并填补球场一侧的空位，减少球员——通常是球员来到的另一侧——这将保持中间开放和攻守平衡。

·当球员进行切入时，作为远离切入球员的下一个球员应该快速移动到空出区域。

·在替换球员时，新球员应该在三分线以上的位置填补空位，创造一个更好的传球角度。这是一个很好的机会，把篮球转到球场的另一边，然后切球。

重点要点

- 球场上的间距更有利于进攻，这给了球员行动的自由，也给了进攻上的结构空间。
- 适当的间距（4.5 米左右）将使防守队员更难以防守，也会为掩护和切入提供更好的机会。
- 进攻球员应该在罚球线外区域的间隔较远，在侧翼较宽并且在篮筐和底线上的角落之间的中点处要宽。
- 在进入 5V5 的情况之前，先从 3V3 的情况中学习教学运动概念。
- 球员必须意识到他们不应该在高、中、低的位置停留超过 3 秒。三秒后将发生违例，如果队员继续进入后区，中间区域将拥挤。
- 当球员必须从罚球线外的区域切入时，移动到空位是很重要的，攻守平衡对于篮板和防守转换是必需的。
- 最高位置——罚球线以外区域——需要由不同的球员覆盖。球员因防守动作会移动到地板上的不同位置。

More
Than
每个孩子
独立
MR.B

More

六、进阶阶段

(一)持球和运球

持球和运球是至关重要的。这两项技能可以让篮球在整个比赛中合理推进。在进阶阶段,球员开始完善和掌握已经学到的技能并朝着高水平的持球和运球方向前进。大多数固定的持球训练都不会在比赛中重复,重要的是开始与篮球建立关系,球员在持球训练时不必思考。这个动作将成为肌肉记忆,就像在训练期间一样,以各种可能的方式和角度建立持球。固定的持球技术具有挑战性,并将在熟悉篮球方面提高掌握程度。在移动中的运球技巧将在类似比赛的情况下朝向技能的应用和效率发展。

技巧 1

1. 固定式控球:一个篮球

我们鼓励继续致力于速度、一致性、效率和对以前引入的操作技能的整体掌握。反复练习是成为高效的控球手的关键。以下是教练可以引入的其他技能,以继续加强球员的训练。

(1)练习 1:一个篮球,一个网球。

· 每个球员都将有一个篮球和一个网球,从一个平衡的防守姿态开始。在原地不动的情况下,球员将学习一个控球技巧,比如使用一个网球的情况下交叉运球。

· 右手篮球,左手是网球。练习的节奏最容易学的是“抛,运球,接球”。

· 网球在左手,球员将它抛向右手的空中。抛球后,球员将立即进行从右手到左手的交叉运球。用空的右手,在网球落地之前接住。然后,球员使用对侧的手继续练习。

· 当球员首次练习时,可能会在交叉运球之间多次运球。鼓励球员尽可能多地运球,最终在没有额外运球的情况下完成训练。一旦球员适应了交叉运球，就要训练他们在两个方向之间运球，然后在背后运球。

重点要点

- 平衡的防守姿势。
- 留意网球。
- 抓住网球。
- 交叉运球。
- 尽可能多地运球。

(2)胯下运球。

胯下运球是一种专注于提高手的速度和控制篮球的技能。它从球员稳固的防守姿态开始。用手拍篮球的方式有：右手拍前面，左手拍前面，右手拍后面，左手拍后面。理想情况下，篮球应该保持在腿的中心位置，直接低于头部，要求球员坐好后仰，头部朝上保持一个真正的防守姿势。一旦你学会了这个技巧，鼓励提高手的速度，低运球和抬头。

重点要点

- 坚实的低防守姿势。
- 手快速运动。
- 篮球在地板上保持相同的位置以提高效率。
- 抬头。

当掌握了这一技能，教练就可以让球员缓慢地、轻微地一步一步地向前、向后和侧向移动，同时完成胯下运球。继续教导球员手在篮球上的定位，理解在这种情况下要轻微地运动。

(3)交叉运球。

该技能同时涉及球员双手和双脚的协调，移动和计时。以下列模式运行(为了描述，篮球将从右手开始)：右手、左手交叉运球，腿间运球从左手到右手，从右手运球到后面的左手，腿间运球从左手到右手。一旦篮球回到右手，这种模式就会重复。步法的模式同样重要，假设篮球是从右手开始的，那么总领先的那只脚就是右脚。从原点的两只脚开始，右脚直接后退，左脚跟随。接下来，右脚将直接向前一步回到原点，接着，左脚跟随。当这种情况发生时，第二次交叉（在背后）和第二次在两腿之间进行。在这一点上，篮球应该回到右手，双脚在原点。从这一点来看，模式将重新开始。

重点要点

- 建立手脚之间的协调配合。
- 先学习技能，然后用手和脚获得速度。
- 抬头。
- 高效步法。
- 快速运球。

技巧 2

2. 固定运球：两个篮球

（1）运两个篮球。

同时运两个是一种有趣、具有挑战性的训练方式，可以继续提高手眼协调能力和控球的信心。从平衡的防守姿势开始，拿着两个篮球。球员将开始同时运球，最好是在腰部水平。鼓励运动员在保持头部向上的同时，用双手击打篮球。在练习了这个技巧之后，教练可以让球员交替使用双手，一个篮球击打地面，另一个球在腰部水平。鼓励大家抬起头击打篮球。教练也可以开始改变篮球的高度，在膝关节或脚踝处的高度降低。

此外，教练可以挑战球员运一个篮球在脚踝水平（低）和另一个篮球在腰部水平（高）。能够同时完成两种不同的技能是具有挑战性的，并继续在手中控制好篮球。

重点要点

- 防守姿势平衡，不摇晃。
- 用指尖拨动篮球。
- 抬头。
- 控制篮球。

（2）摆动。

从一个篮球的摆动运球发展到两个篮球。在前方开始，球员将在同一时间与同一方向运两个篮球，从膝关节到膝关节。当掌握了这一技术，球员们就可以向前运球，将球运离对方，在将篮球运离对方之前，以身体的中部为交汇点。控制篮球，尤其是在中点，是保证篮球不发生碰撞的关键。

其次，球员在相同的方向运球，同时在侧面做钟摆运动。一旦球员适应了这种技术，侧摆运动可以交替进行，一个篮球在身体前面，而另一个篮球在身体后面。翻转双手是很重要的，继续鼓励抬头。

重点要点

- 平衡的防守姿势。
- 用指尖拨动篮球。
- 抬头。
- 翻转双手。
- 控制技能，然后提升速度。

（3）画8字。

可以使用8字型运动来挑战球员使用两个篮球。以下是三个例子。

搭档传球：两名球员面对面，在平衡的防守姿势下，右手拿篮球，从前门开始做8字型动作，不需要运球。一旦篮球转回右手，从背后出来，两名球员将同时把篮球从右膝传给另一名球员的左膝。球员们将接球并重新开始比赛。这就要求球员在相互推进、提高速度的同时，共同完成训练。

跟随领队：球员将再次以平衡的防守姿势开始同时运球。从背后开始，第一个球从腿前运球，第二个球跟着运球。一旦两个篮球都从一条腿越过，移到第二条腿，就先用一个篮球，然后用第二个篮球。在整个模式中，一个篮球跟着另一个篮球。

一个篮球停留在前面：这次的画8字将是一个篮球完成运动，而另一个篮球继续前面的运动。当第一次学习这个技能时，最容易从后面开始运球，然后慢慢地从前面运球。

重点要点

· 平衡的防守姿势，没有摇晃。
· 手指尖控制。
· 抬头。
· 稳定控制，然后提升速度。

（4）两腿之间。

下面的两项技巧将从球员处于舒适平衡的肩宽姿态开始，膝关节轻微弯曲。最简单的方法是先进行单只手的学习。

一次运球：右手拿着篮球，在两腿之间来回运球，穿过背后，用同一只手在身体前面接住篮球。在整个技术过程中，篮球在右手。当球员觉得右手很熟练时，换到左手。同样的运球，球员只用一个运球绕着半个身体。球员有使用双手的信心时，同时使用双手，完成相同的运球，只是交替使用双手。球员可以向前或向后迈一小步，以较慢的速度前进。

重点要点

· 膝关节轻微弯曲。
· 将篮球回来运球（类似于后背运球）。
· 身体紧实，直接在两腿之间运球。
· 抬头。

运两个球：对于这个技能，球员将运两个球来环绕半个身体。从右手拿球开始，在右脚旁边运一个球，另一个在两腿之间。

运球手在篮球上的位置有助于有效地快速运球。

从背后开始教授这项技能是最容易的。当右手掌握了这个技能，就换左手。双手舒适度达到一定水平后，双手同时使用，但方向相反。例如，如果右手在右脚旁边运球，左手在两腿之间运球。当运动员适应了固定的位置后，教练可以让运动员前后移动。

重点要点

- 膝关节轻微弯曲。
- 根据手在篮球上的位置决定下一次运球的角度。
- 控制篮球，紧贴身体。
- 抬头。

技巧 3

3. 带球：一个篮球

当一个球员达到这个水平的时候，能够在类似比赛的情况下，在被威胁的情况下运球是非常关键的。擅长这种技能的球员能够知道何时该如何运球。加强对防守者的趋势、步法、能力等的理解和认识，将有助于判断何时进行合适的移动。

要进攻球员明白怎样会让防守球员感到不安，或者怎样让进攻球员难以防守时，每一项技能都要提升到更高的水平。例如，如果进攻球员用自己的步法和在交叉步中的身体控制“攻击”防守球员的脚，防守球员很有可能会把他们的势头转向这个方向。进攻球员会在相反的方向快速有效地交叉步。如果防守球员每次滑步时都交叉脚，那么在防守球员交叉脚的准确时间改变方向将是非常有效的。比赛中的这些细微差别可以帮助球员从一个普通的控球者发展成为一个非常优秀的控球者。鼓励在以前的水平介绍与现场防守中，继续发展所有的技能，无论是在开放的球场还是半场。

这一部分可能比下面列出的任何新技能都要重要。

以下是一些其他技能，可以让球员保持参与和挑战。

（1）团队热身运球。

这种特殊的技术对球队来说是一种很好的热身，除了全面的球场意识外，还包括全面的控球技巧。每个运动员持一个篮球，让一半的球员站在底线上，另一半球员站在半场。两名球员将运球向对方，继续从底线移动到半场，然后回来，只使用篮球场地的一半。为了不和其他队友相撞，队员们必须抬起头来。教练可以让球员专注于一个特定的运球动作，也可以让球员在几个运球动作中发挥创造力。

鼓励使用双手和整体意识。当掌握了这一技能，教练就可以加快速度，让球员使用组合动作，在球员运球时插入各种运球动作，等等。

重点要点

· 抬头。
· 保持低姿势。
· 做几种类型的动作，即那些让你不舒服的动作。

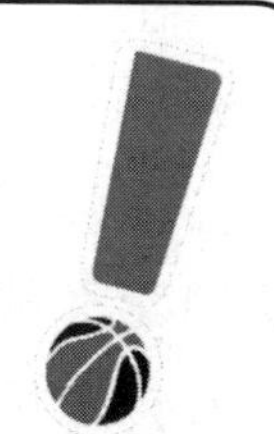

（2）内外运球。

内外运球是交叉运球的反方向动作。在训练内外运球的过程中，似乎产生了一个更流畅的整体移动过程。进展情况如下：

球员在篮球场上跨过一条画好的线，右手拿球，例如：

· 在外线（右侧）运球两次，然后在内线（左侧）运球两次——看篮球越过线。

· 一次在外线运球，一次在内线运球的进步——看篮球越过了线。

· 在外线运球，看篮球越过线（在外线运球），在外线运球——这是内外运球的运动。

· 当篮球越过线时，进行肩膀和头部动作。

· 左侧试探步，头部运动和篮球越过线。

· 沿着球场向上移动，保持在直线上，使用适当的步法、肩部/头部动作以及篮球的进、出动作。

· 在没有防守球员的情况下完成运球。

· 在防守球员的配合下完成运球。

重点要点

- 所有动作一起进行——篮球运动 / 步法 / 肩部 / 头部动作。
- 通过移动使篮球紧贴身体。
- 移动期间保持低位爆发。
- 有效的步法来自移动。
- 手放在篮球的上方，篮球应该沿着身体的中线或直线运动。

（3）联合移动。

在一个舒适的水平进行运球是很必要的。例如，如果一名球员开始用内外运球攻击防守球员，而防守球员预料到对方的移动，并跑向对方较强的一侧，阻止对方的移动，那么进攻球员最好使用交叉战术作为反击。防守球员将开始根据个人情况或以往的经验来预测动作，重要的是进攻球员要做出适当的调整。这可以通过组合使用运球移动来实现。教练可以通过指令组合使用的动作来教授这一点，比如内外的交叉，双腿之间的试探，等等。最好的方法是让球员自己发挥创造力，对防守和他们的位置做出反应。

这一切都可以通过全场运球和半场得分来实现。从没有防守的移动到增加实时防守是很好的。

重点要点

- 动作要有耐心。
- 抬头。
- 动作放低。
- 篮球紧贴身体。

技巧 4

4. 带球：两个篮球

在球场上运两个篮球是一种挑战球员的方式，更多的球员可以练习得很流畅。在现实篮球比赛中，很少有球员需要思考而是直接行动。在移动中同时运两个篮球将锻炼运动员达到这种自如水平。

(1)速度运球。

从底线到底线的短跑,球员将在运球的同时练习速度运球。让球员带球,击球。鼓励抬头,甚至是击球、跑动时的速度,然后交替运球,一个篮球打在地面上,另一个篮球在腰部。教练可以让球员向前、向后、跳跃停止、旋转等。

重点要点

- 腰部运球。
- 用手指尖拨动、控制篮球。
- 抬头。
- 控制速度。

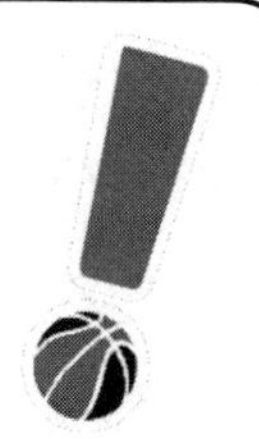

(2)交叉。

在处理两个篮球的同时进行交叉,应该以“之”字型的方式进行,类似于用一个篮球进行交叉。

进行交叉练习的那一边应该离身体最近,这样可以减少错误动作。例如,如果向右移动,运动员应该用右手越过,使篮球靠近身体。

左手的篮球较轻地交叉,几乎把篮球留在身体的中线,在另一个篮球的外面。球员将换手并开始向左移动。然后,球员用左手交叉,使篮球离身体最近。

重点要点

- “之”字型运动。
- 控制和正确的步法,然后是速度。
- 交叉侧保持篮球最接近身体。
- 抬头。

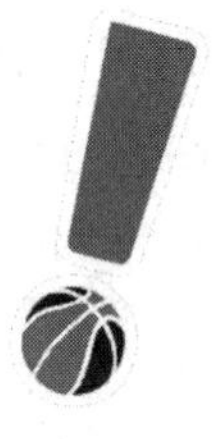

(2)背后和两腿之间。

为了同时用两个篮球来完成这两项技能,球员将再次进行“之”字型练习。如果向右移动,实际将由右手完成,例如,球员用右手完成后面的运球,左手的篮球会被放在身体前面,允许球员交换手和篮球。球员将向左转,用左手完成技能。

重点要点

· “之”字型运动。
· 控制和正确的步法，然后是速度。
· 抬头。

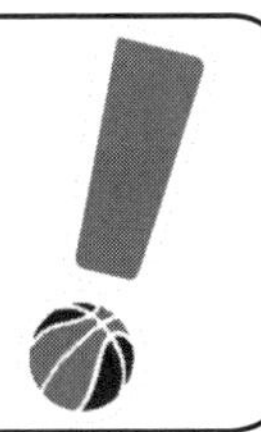

（4）带球到固定目标。

球员将在一个底线上排队，有两个篮球。向相反的底线前进，练习上面的运球。球员通过相反的罚球线。

一只手将球传给固定的目标，另一只手保持运球。教练可以让球员用双手在球场上进行各种动作，从而传球。

重点要点

· “之”字型运动。
· 控制和正确的步法，然后是速度。
· 抬头。
· 正确传球，让其他篮球在运球时保持运动。

5. 防守

在进阶阶段继续发展和掌握技术是必要的，让一名球员有效地和专门地进行防守。对于个人的成功来说，控球防守是非常重要的。这个级别的球员将对团队防守以及他们的角色如何直接影响场上的其他四个队友有更深入的理解。优秀的控球后卫会研究和了解对手的长处和短处，并不断地进行调整和反击。在这一阶段，目标是最大可能地压制进攻对手，或者能够在某一时刻指挥某个方向或动作。在篮球上从完全被动转变为主动是很理想化的。

除了继续掌握以前的控球技巧之外，下面还有几项技巧可以帮助控球后卫来提高他们的防守水平。

技巧 1

（1）补防：了解团队防守和人员。

基于团队防守理念和个体球员，将开始采取不同的形式防守。以下是两个需要考虑的例子：

（2）优势脚（团队防守）。

基于团队防守理念，中场是有问题的，球队会专注于把进攻球员和球队推向底线，不允许中场进攻。向进攻型球员靠近、跨立、甚至用优势脚进攻变得很重要。与优势脚进攻型球员的对抗使中场进攻更具挑战性，影响底线进攻（对已建立的球队的帮助），让防守球员能够预测持球者向底线的第一次运球。如果进攻球员确实试图突破中场，正确的步法应该是在同一条线上向半场移动，而不是在中间移动一步。这可能会引起一些身体接触，重要的是双手举起抵在进攻球员的胸部。

为了培养这种习惯，最好是从侧翼或底线位置开始，以便在地板的一侧建立这种习惯。

重点要点

- 强调上一级别的补防技术。
- 使用分开的步法，关注进攻球员的脚尖。
- 如果尝试中场，让进攻型球员放在胸部并举手。
- 从步法和技术集中到现场比赛的发挥。

（3）短与长。

了解进攻球员对防守球员有利，从补防角度来看，了解接球的进攻球员是否存在三分球威胁，球员是否能持球突破是至关重要的。如果进攻型球员是三分投手，需要进行长距离的补防。长距离的补防需要防守球员冲刺较长距离，到达补防距离，用一只手来阻止投篮。作为一名防守球员，如果可以通过运球或传球把一个三分球投手从三分线上追出来，就赢了。相反，如果进攻球员更喜欢突破，那么短距离的补防会更有效。短距离的补防是冲刺，然后在距离进攻球员不远的地方停下，这样可以提供更多的缓冲来遏制对方的直接突破。

在掩护训练或现场比赛出现这样的情况时，球员必须快速思考，做出决定并做出相应反应。

重点要点

- 上一水平的补防技术。
- 长距离补防三分球投手。
- 短距离的冲刺可以缓冲突破。

技巧 2

（1）球员把握机会。

在整个球场上，包括在篮球防守时，都有机会让球员控制，或者更确切地说是负责控球。下面介绍一些最佳情况：

（2）取消中场突破。

如上所述，当遇到补防时，如果进攻球员选择打入中间位置，则存在进行控球的绝佳机会。通过适当的步法，回到半场，阻止进攻球员，并可以让对方球员控球犯规。防守球员在补防的位置创造机会。

（3）动作调整。

另一个对控球球员来说的好机会是，为进攻球员去掉一个常用的动作。例如，如果一个球员在空场中不断使用左手的试探动作，高水平的防守球员会做出调整，将进攻球员的球打到左侧，建立稳固的位置并进行抢断。

重点要点

- 扰乱进攻球员视线并建立优势位置，不要随便摇晃。
- 位置随时变换。
- 手臂放低，不犯规。
- 头向上。

技巧 3

全场“之”字型

从完成一项技能到使其有益于球队，防守队员需要进一步了解球队的想法和在篮球场上的位置。作为一名控球后卫，在后场尽可能多地转向进攻球员是有益的。因为有足够的时间来恢复，所以后卫在后场更具侵略性。一旦进攻球员穿过半场，将篮球推到场地的一侧或另一侧，这取决于球队的防守理念。

通过控球建立场地的一侧，可以让在场的其他四个队友预测位置，即将后侧的球员能到达辅助侧位置。

使用前面提到的“之”字型技巧，让球员有目的地完成“之”字型；在后场转身，在前场建立一个侧翼。这也可以通过比赛来实现。

重点要点

- 控球技术和概念。
- 前场——尽可能多的进攻球员，制造混乱。
- 后场——更有纪律。

技巧 4

（1）带球防守。

教练永远不会给球员任何犹豫的机会。球员必须想清楚并快速做出决定。以下是球员提高篮球意识，同时成为更强的控球后卫的概念。

（2）强侧与弱侧。

了解进攻球员的弱点可以帮助整个球队获得控球权。这会让个别球员感到不舒服，将团队推向不熟练或不流畅的一方。此外，一些球队在场上的某一侧进攻更有效，一名持球防守球员可以将进攻球员推向另一侧。

（3）扰乱进攻。

通过指定控球手的方向，对正常进攻会产生很大的影响。例如，如果一支球队有一个 1—4 的位置，并且倾向于在突破底线时获得成功，这会使球队很难获得补防；将进攻球员推到中场（即使这与球队的防守理念背道而驰）是有益的，因为这正是补防球员所在的位置。

（4）犯规。

一位没有个人犯规的控球后卫对其他球员的压力不同于一位 4 个犯规的控球后卫的压力。如果一个球员没有犯规，他可以施加更多的压力，用手更具威胁性，更多的转向进攻球员等。如果防守球员有犯规的境况，则保持更多的空间，创造更好的角度，并采取较少的机会。

（5）时间和得分情况。

在比赛的后期，球员必须了解时间和得分情况。如果球队在比赛中很晚才发力，那么在后场盯防球员是有好处的，确保利用好时间，然后进行控球防守，确保球队在突破时不手忙脚乱。如果一个球队在比赛后期状态不佳时，对整个篮球场施加压力是有益的，让进攻者做决定并发挥作用。

重点要点

- 让球员做出决定并思考篮球比赛。
- 通过练习和比赛情境进行教学。

（二）步法和身体控制

一般概述：步法和身体控制在各个层面都很重要，进阶阶段需继续培养这些技能。步法和身体控制包括更快的行动速度与快速的方向改变。这一层次建立在导论和基础层次上，这个级别将强调“三威胁”位置，或篮球位置，所有进攻动作都应该从这个位置开始。在这个准备好的位置，进攻球员可以以一种非常独特的方式执行任何进攻技能——投篮、跑动、传球、运球、掩护、转身或跳跃——因为球员已经准备好向任何方向快速移动。

技巧 1

1. 转身

该技能提高了球员旋转的步法和身体控制。

· 在这个阶段，教练应该继续强调适当的模式和转身的技巧，包括确保球员保持适当的篮球姿势，膝关节弯曲，双手放在腰部以上，无论他们是完成前转还是后转。

· 带球的球员可以用一个支点完成交叉运球，而无球的球员可以用支点来做一个“V”型切入，以获得传球。

· 提醒球员可以在跑步或静止时转身。

· 教练应该指导球员理解在比赛期间的转身时机。例如，转身有助于球员保护篮球免受防守队员的干扰、有助于给队友传球，并有效地向篮筐移动。

重点要点

· 适当的篮球位置。
· 保持抬头。
· 在移动和静止时转身。
· 前后转身。

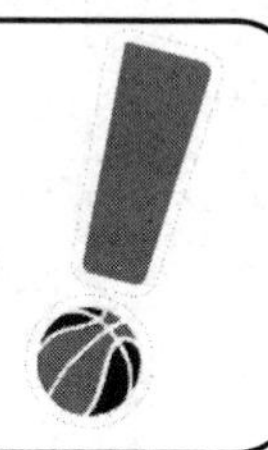

技巧 2

2. 改变方向 / 速度时的身体控制

· 在这个阶段，教练应鼓励球员使用切入来快速改变方向。

· 切入允许球员在保持平衡的同时创造空间。球员让自己与防守球员分开，以进行传球或投篮。

· 步幅减小，用一只脚踩在场地上，切入改变方向。然后，这只脚向另一个方向移动。确保球员的膝关节稍微弯曲，头部保持超过脚的位置。

·指导运动员将脚向与他们将要行进的相反方向推开。例如，如果运动员想要向右切入，应该把左脚放在地上。在这种情况下，右脚和双肩应该向右转。

重点要点

· 保持膝关节弯曲，头部超过脚的位置。
· 将脚向相反的方向推。
· 将肩膀和脚转向所需方向。
· 改变方向时改变速度。

3. 防守

在这个级别，重点放在防守姿势和身体运动。重要的是防守者在防守对手时能够在保持一臂距离的情况下移动他们的脚。当对手试图传球或投篮时，防守队员应先将腿移到离预定行进方向最近的地方，然后再滑动另一只脚，直到两脚再次靠近。在运动结束时，双脚应与肩同宽。

技巧 1

（1）正确的姿势。

指导正确的防守姿势应从入门水平开始，并向基础和进阶阶段过渡发展。

·脚应该比肩膀宽,双手放在腰部以上,头部朝上,头部位于膝关节之前,但不向前倾斜,这有利于防守者向各个方向移动和旋转。

·当防守带球对手时,防守球员应该用一只手保持防守姿势以防止交叉运球,另一只手向上防止传球。

·防守球员应该双眼注视控球球员的上腹部。

重点要点

·背部挺直，下巴朝上。
·脚应该比肩膀宽。
·一手低，一手高。
·将腿移动到所需的行进方向。

技巧 2

(2)360° 移动。

在防守时,球员应该保持篮球姿势,顶起前脚,朝进攻球员的方向移动,并与进攻球员保持一个手臂距离。

·很多时候,防守队员需要引导进攻队员在篮球场上带球。在这种情况下,防守球员脚的位置会改变。

·球员必须将脚放在离篮筐最近的位置,在另一只脚和距运球手一个手臂的距离。离篮筐最近的脚必须在运球手的脚内侧,以迫使底线运球。

·如果有必要改变方向,防守球员应该使用一个转身改变方向。这称为篮下强转身。

重点要点

·膝关节略微弯曲，双手放在腰部以上。
·推前脚，在任何 360° 的运动中移动。
·前脚应该在进攻球员脚的内侧，以威胁底线。
·头部必须保持在脚部前方，以保持平衡。

（三）传球和接球

传球和接球是重要的能力。与持球和运球一样，这两种技能可以使篮球在整个球场上自如推进。在进阶阶段，在练习传球和接球当中也需要继续掌握之前介绍的每项技能，同时将焦点转移到比赛中。

此外，开始了解如何最好地结合比赛的其他技能，例如使用运球或转身来获得更好的传球角度，提高传球质量。

技巧 1

1. 固定传球

球员间传球是一种很好的热身技术，能让球员不断提高传球的准确性和信心。合作伙伴将彼此排成一队，每队打一个篮球，完成以下类型的传球：

练习：胸前和起跳传球。

两名球员都将完成右手胸部传球，两名球员都将瞄准对方球员的左手,以确保篮球不会在空中发生碰撞,篮球位置的准确性至关重要。当掌握了这个技能,要努力提高速度。当球员们对这项技术感到熟练时,一定要换手,并向跳传的方向前进。

双手交替胸前和跳传:两名球员交替,一名球员胸前传球,另一名球员弹跳传球。鼓励球员专注于清晰的传球和准确的位置。教练可以让球员在哨声中切换方向,使其更具有挑战性。

肩以上传球:这一技能将帮助发展单手控球。保持篮球与肩水平或略高于肩水平,一只手在篮球一边,球员们将篮球来回传递给对方。重要的是要把篮球送到队友的肩膀或以上的水平,否则单手接球将是非常具有挑战性的。当球员学会了这个技巧,鼓励他们直线传球,球员逐渐倾向于以这种方式传球。

重点要点

- 继续强化以往各阶段的概念。
- 传球干净利落。
- 提高精确度——命中目标。
- 学习技能时提高速度。

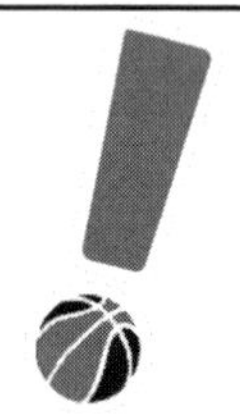

技巧 2

2. 空位传球

(1)运球和远离防守。

这两项技能是在比赛中传球时需要学习的重要细节。两者概述如下:

运球:不仅仅是控球后卫,这项技能在所有的位置都很重要。另一个队友在运球时球员发现自己处于空位的情况下,需要在传球路线消失之前立即做出反应。要学习这项技能,球员可以互相传球或掩护。让球员运球一次,然后立即进行双手胸前传球,从运球到传球快速转换。双手练习,包括弹跳传球和单手传球(使用引导手)。一旦这个动作熟练,让球员在运动中传递到一个固定或移动的目标。

最后，这种传球应该在特殊情况下使用，要在没有指导手的情况下单手传球。很多时候，球员发现自己处于一个位置，他们不能足够快地使用篮球的指导手，必须通过一只手传球。在这种传球中，重要的是球员要调整手的位置，使其直接在篮球后方，在传球中获得力量，同时也要控制篮球，通过以上相同的步骤进行。

重点要点

- 从运球到传球的快速过渡。
- 抬头。
- 准确击中目标。
- 干净利落的传球。
- 练习所有类型的运球传球（双手）。
- 练习所有类型的运球传球（单手）。

远离防守：远离防守的传球位置是学习的关键技能。这对于传给外线或后场球员来说尤为重要。

对于边线传球，篮球应该放在队友的手外侧，远离身体。如果篮球是在胸部传递的，那么防守球员很可能接住篮球。同样的概念也适用于空位传球。篮球应该远离防守球员，无论是高位还是低位，取决于位置以及队友给予目标的位置。

这个概念可以在任何包括传球的训练中继续研究和加强。它可以通过特定的方式来训练，例如进入现场防守或者在以球队为中心的训练范围内，例如 5 人的进攻训练。尽可能地融合成习惯。

重点要点

- 传给外线的队友。
- 击中目标。
- 防守球员不能转移的地方。
- 每次练习，想想防守球员可能在哪里、从哪个位置传球。

（2）外线进攻。

虽然有很多类型的外线进攻和传球，但最具挑战性的可能是发起进攻时的边路传球，防守方期待这种类型的传球。如果你的外线传球中有带球的机会，最好是用带球的方式把防守球员带向一边，然后迅速改变方向，让传球通道打开。如果从罚球线以外区域传球到侧翼，球员会想要突破离侧翼最近的罚球线平面，以完成一个足够短的传球。使用上面的两种技巧对传球和远离防守很有帮助。最重要的概念，尤其对高天赋水平的后卫来说，是通过改变方向或在正确的时间创造适当的空间，通过运球来创造一个传球通道，从而能够传球。此外，与队友的时间安排是必要的，一个球员处于传球位置时，另一个球员必须同时处于接球的位置。

重点要点

· 在正确的时间创造一个传球路线（改变方向或为运球创造空间）。
· 运球传球（可能的话尽量用双手）。
· 远离防守球员。
· 干脆利落的传球。

（3）高位策应。

就像外围传球一样，在球员准备接球的准确时间创建合适的传球路线非常重要。在进行策应时，通常最有用的是伪造传球以进行传球，从而创建传球路线。可能有用的一招是在防守球员的耳旁传球，因为防守球员手臂在身体外部自然抬起，会留出时间让篮球飞过，手臂无法阻断传球。此外，当创建了传球路线，球员应处于平衡状态可以准备接球。篮球应远离防守球员，在某些情况下直接得分。

重点要点

· 使用假传来创造传球路线。
· 转身创造传球路线。
· 若传球较高，要高过耳朵。
· 传球避开后卫，尽可能得分。
· 传球干脆利落。
· 击中目标。

技巧 3

3. 利用转身来制造传球路线

转身可以多次使用，为运球或传球来制造传球通道。如果球员发现他们需要改变篮球方向，很多时候前转身可以在对方威胁下，以一个受控制的方式完成。如果球员在球场的右侧试图将篮球向中间反向转身，无论是在头部还是膝关节以下，球员应从右臀部到左臀部传球。左脚将是球员完成前转身的中枢脚，右脚迈步。防守球员将在进攻球员的背后，建立一条往中路的传球通道，左手传球。一个重点是完成一个前转身而不是一个反向转身，以防止在防守球员跳进传球通道时，不能将后背转向篮球。

重点要点

- 前转身。
- 从臀部传到另一侧臀部（高或低）。
- 使用躯干来建立传球通道。
- 用外侧手传球。
- 传球干脆利落。
- 击中目标。

技巧 4

4. 区域传球

与移动、间隔、掩护相结合，区域传球可以非常有效。在区域快速有效的传球十分难以防守，以下是一些需要考虑的概念。

有效的假传：在篮球的飞行过程中教授防守，做有效的假传，特别是在轮换中的区域防守。如果使用得当，假传将会区域性单向移动，允许开放的传球道或冲入另一个区域。在球反转或任何时候一个后卫正朝篮球方向转身，假传可以有效地保持在一个方向的运动。

渗透：能够渗透区域的空隙并将篮球传给未被防守的队友，是这个水平所需的技能。因为防守转换时有防守空当，所以球反转是渗透间隙的适当时机。此外，通常两个防守球员停下来会有渗透空隙，这能为队友创造一个未被防守的机会，无论是在外围还是在投球区。

理解团队进攻：理解并预测团队进攻中的空缺将有助于球员获得更高质量的传球。例如，知道内线球员在封闭位置的时刻以及防守球员可能会在哪个位置，有助于考虑时间和位置传球。此外，知道队友在何时何位置切入，使传球球员预测传球或运球的突破口。

如果没有这种理解，球员会让队友陷入困境，且不能接球得分。

重点要点

- 假传转移区域。
- 渗透空隙。
- 理解团队进攻。
- 预测切入以高质量传球。

技巧 5

5. 了解队友以及如何向队友传球

在向队友传球时，重要的是要了解队友以及传球会如何影响队友。下面列出了两个例子。

后卫：了解你的队友，了解谁能接球以及每个队友接球后的进攻优势。例如，将篮球传给在篮下被两名球员防守的控球后卫，不是最好的情况。同样地，对于一个内线球员来说，在转换时必须将篮球放在地板上并且围绕着两名后卫，这可能具有挑战性。对于上面的两个例子，等待后卫跳投并等待内线球员篮筐附近，等待两秒钟可以让队友进入对他们有利的位置。

投篮手得到的传球：投篮得到的传球类型很重要。

如果传球在膝关节处，或投篮手不得不侧身移动接住篮球，将会影响投篮手。投篮手喜欢在投篮区域里接球。作为一名传球手，努力让每次传球时都能达到这一目标。这在后期比赛中尤为重要，特别是当投篮手必须快速投篮时。好的传球可以帮助投篮手更快速地投篮。

重点要点

- 了解你的队友。
- 将球传到合适的位置。
- 引导队友走到合适的位置。
- 争取完美的传球投篮。

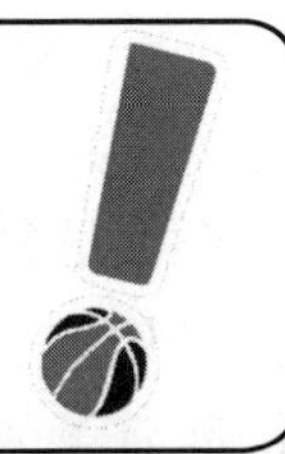

技巧 6

6. 接球

放弃位置以获得控球权。

在适当的位置接球很重要。同样重要的是要了解何时必须放弃所获得的位置去获得篮球的控球权。例如，一名后场球员已经建立了一个很好的位置，当队友通过这个位置，是保持这个位置更有利，还是放弃这个位置去抢篮板更有利？比较好的选择当然是为了球队的利益，放弃自己的位置去抢篮板，保持控球。球员要通过这个过程来了解什么时候放弃自己的位置，什么时候不放弃。要记住的是，持球是比赛中最重要的东西。

重点要点

- 向球员提供反馈，以做出更好的决策。
- 控球是最重要的——若放弃位置，就去争球。

技巧 7

了解目标的重要性。

教练不断鼓励球员在篮球场上互相交流。当接到篮球时，做一个手势目标，一种非言语的沟通形式，可以产生得分和失误的差异。这两种技能都应该在分解训练和比赛中得到加强。下面是要考虑的两种类型的目标。

周边目标：在周边提供一个目标，对与传球球员的沟通非常重要，因此他们知道切入的方向。例如，如果一名球员只是简单地进行“V”型切入并希望在侧翼接球，则在切入时，将外侧手（打开）直接放出，相当于告诉传球球员将篮球传到这只手。如果同一个球员被防守球员过度防守，那么，切后是一个很好的选择，球员将切入三分线，用外面的手握拳，向传球球员发出切后信号。这种简单的非语言交流可以完成一次很好的上篮，避免潜在的失误。最后，如果一个外线球员正在进行切入并感觉有空位可以投篮，可以用双手给传球球员一个目标，指示将篮球传到你的手中。结合这种非语言提示，口头要球也是个不错的选择。

后场目标：提供目标不仅对于传球球员知道在哪里传球非常重要，而且对于传球球员知道球员何时处于平衡状态并准备好接球也很重要。如果后场球员准备好接球而不需要额外地传球，那么应该在接球的地方张开手。根据防守的位置，传球可能需要低或高，朝向中间或朝向底线。确定好位置，以便防守球员无法拦截传球，如果篮下有一个球员，例如，篮球在侧翼，请尽早完成传球并将后场球员推到球道上，同时指向篮下并将“篮下”信号传达给队友。当篮球传递到篮下，确认适当的位置，使用张开的手作为篮球的目标。作为一名后场球员，不要害怕，要通过指引、张开手和口头与队友交流来引导篮球的去向。

重点要点

- 张开手与闭合手。
- 投篮位置。
- 高或低。
- 直接进入与反向紧闭（张开手与指向）。
- 口头要球。

7. 防守

用于防守篮球的时间远远超过了在篮球上花费的时间，这使得练习防守势在必行。在进阶阶段，除了继续发展防守技能，还要在比赛方面取得进展，同时介绍如何防守和转换防守，加强集体球队防守，干扰进攻队伍。此外，除了通过身体水平进步外，鼓励球员在整个防守过程中进行交流。

技巧 1

防止切后。

根据防守球员的优势、球队防守的理念和对手球队的进攻优势，以下两种方法可用于防守切后和传球。

开放：如果没有关注进攻球员的速度，或担心控球球员的渗透，球员要一直注视篮球，教练应该考虑开放作为方法防守后切。

防守球员要注意失去控制以及盯丢进攻人员。当进攻球员切后，防守球员将尽可能向篮筐滑动，而不会被击败。一旦后卫觉得他们被突破，通过反向转身打开，举起手来看球。

转头：如果担忧进攻球员切入的速度，那么进攻球员会尝试后传，或球员优先考虑让防守球员反复变换位置，教练应该考虑转头来防守后切。这种方法的缺点是防守球员会暂时忽视篮球，可能会在没有及时补防的情况下，防守球员让对方带球者渗透。当进攻球员开始切入后，防守球员应该尽可能长时间地保持适当的位置，而不被突破。一旦防守球员感觉到进攻球员突破了后卫，将头从一侧转到另一侧，立即转手抢断，锁定篮球，盯紧进攻球员。防守球员在进攻球员的底部确定了位置，转头伸手建立适当的抢断。

重点要点

- 转头，立即锁定篮球。
- 手臂位置。
- 建立适当的抢断位置。

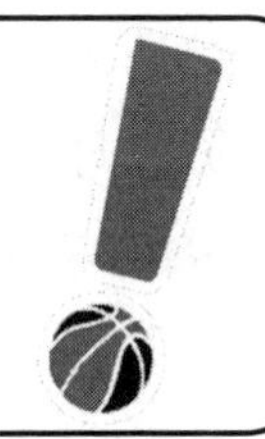

技巧 2

外线断球。

当球员开始学习正确的抢断位置和角度，向篮球方向移动，断球的能力就变得更好。例如，如果一名球员抢断外线球员，右手在前，球员可能会看到球被传给他们的球员，传球完成他们会立即做出反应。如果球员保持一个训练过的位置并且使用正确的右手，即使他们没有断球，防守球员也要保持原状，立刻防守对方持球球员。但是，如果球员使用错误的手，球员没有成功抢断，结果是一名失去位置的防守球员（背对着进攻球员）将无法防守运球。在防守队员后面，球队很可能会面对一个5比4的情况，直到后卫回到自己的位置。根据该比赛或球员的团队防守策略，这可能会给团队带来非常不利的影响。这是个小细节，但却能在比赛中产生重大影响。

重点要点

- 反复练习位置（右手向前开始）。
- 提醒：如果抢断没有完成，进攻球员就现场控球手。
- 用手引导篮球。

技巧 3

碰撞拦截切入球员。

在没有正确的防守技术时，较难防守的是切入篮筐，尤其是面对切入防守球员。这种类型的切入经常在传球后发生，这意味着防守球员需要持球防守，迅速拦截切入球员。逐步教学技术可以帮助球员快速掌握技能。首先，让后卫防守侧翼进攻球员。如果在右翼，右脚应该很高。如果传球是从侧翼到罚球线以外，防守球员应立即跳起建立拦截位置，右手在传球路线上。一旦确定了这个位置，让进攻运动员朝向传球方向前进一到两步。拦截的防守球员将保持与拦截背面的进攻球员同样的位置，使用下臂，这种情况下是左手,用进攻球员下臂撞击拦截切入者。

如果球员在高侧被撞击,进攻球员会成功切入后门。低侧撞击将阻止切入,影响高切,而不是后门。一旦防守球员撞击切入球员,进攻球员可以退到侧翼。

随着能力提高,防守球员通过撞击切入球员,然后切入进攻球员周围。如果切入朝向篮筐位置,则球员转头,切换用于拦截的手,通过切入保持适当的拦截定位。如果切入结束位置高,保持原先建立的正确拦截位置,向上朝向篮球位置。当掌握了这项技能,就可以对一名现场进攻球员进行实时防守,让进攻球员尝试完成面对面切入。学会了让球员从侧翼到底线前进,然后尝试当面切入,这更具有挑战性。防守球员在传球的飞行中移动是至关重要的,所以在传球时适当的拦截位置会让碰撞变得逼真。

这些技能可以通过障碍物训练和现场比赛来学习。关键是要跳向篮球,尽可能快地从持球防守转换到拦截。

掌握上述学习技能,让球员懂得如何从补防侧撞击切入球员。这可能更具有挑战性,因为许多防守球员往往忽略了在补防侧的进攻球员。如果篮球在左翼并且补防方的防守球员正在为右翼的进攻球员进行防守,那么防守球员应该在中线建立在补防的位置。

一旦进攻球员试图进行切入,右脚应立即移动到高位,模拟拦截位置。同样,在进攻球员的下臀部和下臂会出现撞击。掌握了外围撞击,就可以使用相同的原理学习后位撞击。

重点要点

- 传球飞行时立即跳向篮球。
- 在进攻球员的下臀与下臂碰撞。
- 不当面切入。
- 碰撞后继续进入适当的防守位。

技巧 4

后位拦截。

拦截后卫可能比外围拦截更复杂，具体取决于篮球的位置。以下是几个传球选择以及适当拦截的步骤。这些技能应该通过障碍物，2V2/3V3/4V4 场景和现场比赛进行训练。

罚球线以外到侧翼：当篮球位于罚球线以外时，后位拦截类似于外围拦截，这个位置可以向篮球方向迈进一步。这个空间有利于防守球员更加自由地进行之后的动作，而不是与试图建立位置的进攻球员纠缠在一起。当篮球移动到右翼，在篮球的飞行中，防守球员将立即跨越进攻球员的顶部脚，建立一个右脚和手臂较高的拦截位置阻断传球。此时建立联系是正确的。如果可能的话，最好拦截低位区域的进攻球员并保持低位进攻。如果防守球员发现他们被推出太远，那么拦截位置不会有利于球队的防守，因为很可能会出现高传球。在这种情况下，如果被大力推出，将会继续把进攻球员推向外线。

侧翼到底线 / 底线到侧翼——X 步：在侧翼上有适当的拦截位置，许多教练在篮球从侧翼到底线的飞行中偏向 X 步。这种策略允许防守球员在整个时间都看到篮球，同时保持与进攻球员的联系。一旦篮球从侧翼传到底线，防守球员将采取脚底部，这种情况下一般是左侧，将其向上移动，右脚跟在后面，在进攻球员的低侧建立一个拦截位置。该动作称之为“X 步”。当球员掌握了技能，就可以提高速度和效率，同时提高不同类型的进攻球员的身体素质。对于从底线到侧翼的传球，转步。这种类型的步法可以很好地与在后切的外围防守球员配合。

侧翼到底线 / 底线到侧翼——熊抱：在侧翼上有适当的篮球拦截位置，许多教练偏向在篮球从侧翼到底线的飞行中熊抱。这种策略允许防守球员整个过程中与进攻球员保持联系，同时允许防守球员对抗进攻球员时保持低位。一旦篮球从侧翼传递到底线，防守球员将保持接触并在整个运动中面对进攻球员。理想情况下，球员将运用两个防守滑动，右脚从高侧到低侧拦截位置并切换手臂，在找到篮球时旋转头部。当球员掌握了技能，就可以提高速度和效率，提高不同类型进攻型球员的身体素质。对于从底线到侧翼的传球，转步。这种类型的步法可以很好地与外围防守球员在后切上转头相吻合。

底线到罚球线以外：随着篮球在底线上，后卫将会进行低位拦截防守。如果篮球到罚球线以外，防守球员将立即移动为低侧的进攻球员建立一个拦截位置。向低侧移动是为了防止进攻运动员在高侧运动时能够建立的任何类型的封锁。为了进攻球员偏向低侧，防守球员将采取高步和X步向中间，用低脚跟转变成为高脚。一旦防守球员成功地围绕进攻球员，将球线向上移动到适当的拦截位置。

重点要点

· 篮球位于罚球线以外。
· 适当的步法。
· 注意接球的位置——急促地移动。
· 篮球位置的正确侧。
· 适当的手高度，头偏向适当的肩膀位置。
· 让进攻球员保持低位。

技巧 5

转换：拦截 / 补防。

与所有防守一样，快速有效地从一个位置转换到下一个位置对于防守个人和团队至关重要。为了方便解释，防守球员将在右翼防守进攻球员。

从补防侧到拦截：篮球在左翼，防守球员将处于中线的补防位置。在辅助补防侧关闭三角区域非常重要，这样防守球员的距离就会缩短。当传球从侧翼到罚球线以外，防守球员使用右臂和右脚在朝向篮球的方向上创造动力，而不是朝向进攻球员。上线距离较短，允许防守球员更快地处于适当位置，同时也可以帮助运球突破。在接球时,防守球员应处于适当的防守位置。

从拦截到补防侧:篮球在罚球线以外,防守球员将进行适当拦截防守。为了更快地到达适当的补防侧,重要的是上线位置。当篮球传到对面的侧翼时,防守球员将挥动右臂和右脚,向中线创造动力。在补防侧保持一个封闭的三角形位置,以便有效地旋转到所需的下一个位置。目标是在接球位置。

这两个转换都可以通过 2V2 障碍物练习,防守击破和通过 5V5 的现场比赛来加强。

重点要点

- 有效的第一步。
- 手臂和脚来创造动力。
- 通过动作保持低位。
- 转换到适当的位置(向上线或闭合三角形)。

(四)篮板球

篮板球——无论是进攻还是防守——都是应该教学的基本技能。持球更多地来自没有投进的球。进攻篮板的成功取决于球员的决心和勇气,这比任何其他基本篮球技术都要重要。在这个级别,重要的是介绍教学了解投篮失误的角度。进攻的篮板手必须小心越过防守球员的顶部,并且必须特别注意手与肩同高。

技巧 1

1. 进攻篮板

(1)熟悉篮板的角度。

当准备抢篮板时,进攻球员应该处于准备位置,双手放在肩膀上方,膝关节稍微弯曲,这样他可以在跳跃时达到最大高度。对于侧面篮板球,进攻球员应该意识到篮球可能会反弹到篮筐的另一侧。球员不应该在跳起时观察篮球,应该在对面寻找一个空位,这样能为篮板球做好准备。从前方进攻篮板通常会直接从篮筐反弹出去,从侧面中抢到进攻篮板的战术同样适用于从前场抢到进攻篮板的战术。

重点要点

- 在起跳时屈膝以达到最大高度。
- 知道投篮会在球场的什么位置。
- 双手举过肩膀。
- 移动到正确的角度以获得篮板球。
- 当篮球从篮筐上落下时,调整好跳跃的时间。

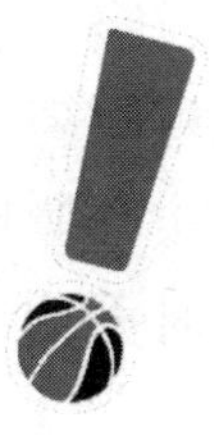

技巧 2

（2）进攻篮板运动。

进攻篮板运动是得到未投进篮球的关键。进攻球员可以通过“V”型切入到进攻篮板位置(这已在前面讨论过),以获得防守球员的内线位置。球员也可以使用转身(前面也讨论过)进行旋转移动或交叉移动以绕过防守队员获得进攻篮板。防守篮板球侧面的交叉移动是另一种绕过防守队员获得进攻篮板的方法。对于任何进攻篮板手来说,关键是要不停地移动,这将使防守球员难以阻挡进攻球员。

重点要点

- 投篮时的移动是篮板球的关键。
- 朝底线方向进行“V”型切入，以便进入防守方的内线位置。
- 将内侧手臂移动到防守队员的上方，进入防守位置。
- 当防守方接触进攻球员时，360° 旋转可以获得优势。

2. 防守篮板

在这个级别,防守者继续在篮下卡位。

当球员变得更强之后,防守球员在防守篮板的三个主要区域的表现是很重要的。第一,让球员们假设每一次投篮都会失误,积极抢篮板,球员需要明白反复的努力对于控球是很重要的。第二,让球员在尝试投篮时,手指指向天花板,手掌朝向篮筐,双手与肩同高。第三,在尝试投篮时让防守球员而不是对手去抢篮板,是防守篮球的关键。主要的注意力应该集中在篮板上,而不是阻止对手抢到篮板。

技巧 1

（1）面对面防守篮板。

有时候防守会遇到非常有技巧和侵略性的篮板手。传统的篮下卡位可能不适用于这种类型的进攻篮板手。如果是这种情况，我们不关心防守球员抢篮板，而关心进攻球员没能抢到失球。丹尼斯罗德曼式的进攻篮板手需要的不仅是一个篮下卡位，来防止他们的进攻篮板。这种类型的篮板手可以使用面对面的筐外防守。随着投篮次数的增加，防守球员在篮球在空中时不转身，要始终面对进攻球员，防止他抢篮板。防守队员不看篮球而要只盯住防守队员，防止他得到球。

重点要点

- 第一个动作是观察我方进攻球员在球场上的位置。
- 不要转身，要面对你的对手，就像你在防守他一样。
- 不要让你的对手抢到篮板球。
- 保持篮球的低位位置。

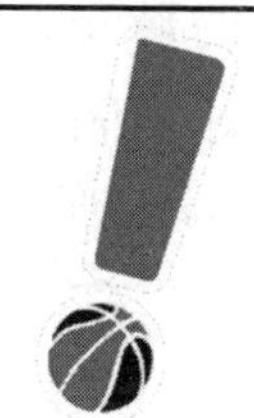

技巧 2

（2）补防位置。

除非防守篮板手能够清楚地知道投篮的位置和对手的位置，否则补防侧卡位很难执行。如果你是一个补防球员，进行投篮的是其他人而不是你在三秒区防守的球员。第一个动作是在球道区域外防守你的对手。如果投篮是从三分线开始的，那篮板可能会在另一边很远的位置，这意味着防守球员会跑出球道再转身，防止对方防守的球员抢到篮板。

重点要点

- 当投篮发生时，要注意你防守的球员位置。
- 如果你是三秒区上的弱侧防守球员，你必须走出三秒区与进攻球员接触。
- 知道投篮的位置会让你知道如何去抢篮板。
- 当你遇到你防守的球员时要把他挡出去，必须保持篮球良好的位置。

技巧 3

（3）轮流防守卡位。

在比赛中的某些情况下，防守球员必须轮换以阻止进攻球员突破，或者接球投篮。当发生这种类型的轮换时，防守球员必须轮换到篮下，这样防守队员防守的就是其他人而不是他们原先防守的球员。举个例子，篮球到底线，补防侧边锋必须离开他防守的球员阻止突破。在正常的防守轮换中，后卫需要进入球道区域，掩护其他队友。这样这个后卫就有机会阻挡更强大的球员了。

重点要点

· 在防守轮换时，要注意需要阻挡哪些球员。
· 保持低位，你可能会在轮换中阻挡一个更强大的对手。
· 转身后，双手举过肩膀，积极地抢篮板。

技巧 4

（4）劣势防守。

当在进阶阶段的比赛中发生这种情况时，需要解决劣势防守问题。当需要防守更多的进攻球员时，就会出现“劣势防守”。这是由于防守混乱、防守轮换或错过防守任务。在这种情况下，了解谁是最好的篮板手以及篮球可能从篮筐上掉下来的角度就变得很重要。如果防守球员处于劣势状态，那么阻挡最可能抢篮板下来的进攻球员。至少确保在处于劣势时阻挡一名进攻球员。

重点要点

· 注意投篮的位置。
· 挑出最有可能投丢篮球的进攻球员。
· 确保把一名进攻球员挡在外面。
· 保持低位，然后积极地抢篮板。

MORE THAN
BASKETBALL

（五）掩护

进阶阶段的掩护扩展到有球和无球掩护。掩护的主要目的是让队友有机会投篮或至少有机会传球。一次掩护也将使防守球员决定如何防守挡拆和无球掩护。

通过掩护，进攻球员可以利用防守球员得分。

技巧 1

1. 进攻掩护

（1）根据防守设置，使用无球掩护。

掩护的设置和应用受到防守球员的影响。

· 掩护球员必须警惕防守球员所在的位置，这样他才能找到防守球员进行掩护。

· 防守球员难以越过掩护时，掩护球员应该尝试与防守球员接触。掩护上的空间太大会让防守球员越过顶端。

· 在掩护时，进攻球员与掩护球员肩膀到臀部的部位同样保持低位。

· 进行掩护之前，进攻球员需要朝着他想要掩护的相反方向迈出一步。

· 设置掩护时，要让掩护的防守球员难以转换。

· 掩护的进攻球员不应该盯着篮球，而应该盯住将要切入过来的防守球员。

· 当进行掩护时，如果防守球员试图越过掩护，进攻球员将会弯曲身体。如果防守球员不允许进攻球员弯曲身体，会导致掩护被中断。

· 当设置掩护让进攻球员切入侧翼以接到传球时，会使用直切，大多数情况下都表现为掩护。

· 如果防守球员位于掩护的球侧，将允许进攻型球员“接掩护向远离球的方向跑去”并且不使用掩护完成闪切。

重点要点

· 进攻球员不要盯着篮球，而要关注防守球员，这样才能做出正确的切入。
· 掩护上从肩膀到臀部都要保持低位。
· 切断掩护时，双手准备好接球。
· 掩护球员必须“追捕”防守球员进行掩护，并与防守球员保持联系。

技巧 2

（2）使用掩护的技术。

对于掩护球员和控球球员来说，有球掩护将采用与无球掩护截然不同的方式。

· 掩护球员应该跑去在篮球上设置掩护，这样他的防守球员就很难在掩护上进行防守或双人防守。

· 设置掩护时，膝关节略微弯曲，脚比肩膀宽，肘部位于身体内侧，头部和下巴向上。

· 掩护球员需要随时与防守球员联系。这将使运球球员更轻松地将他的防守球员带到掩护中并且防止在如何防守掩护和轮换间犹豫不决。

· 运球球员应该保持低位，保持肩膀在掩护球员的臀部位置。如果打开掩护，这将有助于投篮。

· 眼睛应该看着篮筐，以便看到任何切入或掩护球员跑到篮下。

· 运球球员在使用掩护后将进行两次运球，这使他有更好的发挥空间。

· 运球球员试图将他的肩膀转向篮筐，这样他就可以准备投篮或传球给掩护球员。

· 一旦运球球员越过了掩护球员，掩护球员就会转身看向运球球员并跑向篮筐寻找传球机会。

· 大多数情况下，回传球是运球球员的第一选择。

重点要点

- 头部和肩部必须转向篮筐。
- 运球球员应该寻找一个传球机会，将篮球传给跑动的掩护球员。
- 运球球员必须从肩膀到臀部保持低位。
- 运球球员需要越过掩护球员两次运球，以获得适当的间距。

技巧 3

（3）球员间距离。

没有参与投篮的球员间的距离对于球队进攻至关重要。间距会产生空位投篮或投篮。

· 关于间距的最重要的要求是球员应该相距 4.5 米，以减轻双人防守和防守帮助。

· 当运球球员离开掩护时，最接近运球球员的球员必须创造空间，以便帮助运球球员，同时准备接球投篮。

· 在每个角落都最好有一名进攻球员与带球球员保持适当的距离，这样会减少双人防守的可能性。

· 当运球球员离开掩护时，必须知道其他球员在球场上的位置。

· 如果一名球员进行了一次切入，他必须迅速离开，以便掩护球员跑向篮筐。

· 如果运球球员跑到底线，则必须占据两个位置以进行可能的传球——在三秒区中间和相反的底线。

· 提醒球员——间距是一种进攻。

重点要点

- 所有球员必须距离掩护球员和运球球员 4.5 米左右。
- 如果你的防守球员去辅助防守，请准备好接球并投篮。
- 控球掩护可以帮助防守球员不防守篮球或掩护者，因此进攻球员必须意识到他的防守球员可能会做些什么。
- 进攻球员应该在每条底线上展开防守。

2. 防守掩护

防守掩护会使防守球员优柔寡断，因为不同的人有不同的防守方式。防守各种掩护的责任由防守掩护的人来承担。然而，每个掩护球员都必须意识到，当他防守的那个人处于一个可能会得分的威胁位置时，可以使用防守掩护来对付他。

技巧 1

（1）防守无球掩护。

防守无球掩护的关键是意识。防守球员应该知道他有可能被掩护。

· 防守掩护的那个人必须始终清楚地告知队友有可能出现的掩护。

· 处于易受攻击位置的防守球员应始终用一只手朝向掩护球员最有可能过来的方向。

· 防守球员必须始终处于补防位置，这样掩护就不会轻易地在发生在防守球员身上。

· 让防守球员进入掩护是一种较好的策略。在这种情况下，掩护球员的防守球员必须退后一步，为被掩护的防守球员创造一个窗口或间隙。防守球员不应该在防守球员和其队友身边。

· 防守球员可能会追着进攻球员，当发生这种情况时，掩护的防守球员必须加强防守。

· 两个防守者之间可能会发生切换——一个防守掩护，另一个保护使用掩护的球员。两个球员都需要与第一个看到转换的必要性的球员进行交流，大声清晰地呼叫转换。

· 保护掩护的防守球员也可能会对防守球员造成伤害，因此进攻球员的防守球员会同时出现在掩护和防守掩护球员的下方。碰撞发生时，掩护球员无法跑动以获得篮球。

重点要点

- 如果防守球员处于补防侧防守位置，这将使得掩护更难以执行。
- 沟通是两个防守球员良好配合的关键。掩护球员的防守球员必须让他的队友知道可能会出现的掩护。
- 防守球员必须意识到他可能被掩护，特别是当他的进攻球员处于无球状态时。
- 防守球员需要在适当位置以准备快速移动避开掩护。

技巧 2

（2）防守带球掩护。

在防守带球掩护时，防守球员的交流应该让他的队友知道掩护正在靠近。防守球员在防守时就可以意识到掩护从哪里来，并进行及时调整。

· 与防守球员换位是一种防守带球掩护的方式。掩护防守球员将呼叫掩护并与掩护球员交流。当运球球员突破掩护时，应进行转换，让运球球员无法到篮下，换到掩护的防守球员应该试着到掩护球员篮球侧面去防守传球。

· 防守球员也可以退后一步，为防守球员创造空间来通过掩护者。带球防守球员会在他穿过空当时保护他。

· 如果他是一名优秀的射手，那么有时可能需要越过头顶防守运球球员。防守球员要把前脚放在掩护球员的前方，后脚跟过去，这样防守球员就可以从掩护球员身边挤过去，和运球球员在一起。防守掩护球员会在运球球员面前协助解决此问题。

· 当运球球员用两名防守球员掩护时，可能会出现一个陷阱。掩护防守球员将很快出现在运球球员面前，然后与运球的防守球员形成一个陷阱。两名防守队友都必须举起手、移动脚来设置一个好的陷阱。

· 延缓运球或阻止运球者突破上篮的一种方法是逼近他。不让运球球员转向篮筐。当逼近发生时，防守球员会追逐运球球员并继续防守他，对冲后卫将回到掩护球员附近。

·防守掩护和跑动的最后一种方法是通过防守球员向上推掩护。在这种情况下，运球球员面前的防守球员在掩护后，会经过掩护队员和防守队员的双重掩护，与运球球员会合。掩护队员的防守球员必须高举双手阻止运球球员从掩护后面投篮。

重点要点

- 掩护上的防守球员必须向队友传达可以进行掩护的信息。
- 当发生转换时，防守球员必须与进攻球员保持一致，直到他们有机会换回原始位置。
- 在逼近发生时，防守运球的球员应该向队友喊出运球球员的号码，然后在他的队友赶上运球后再回到防守球员处。
- 不防守掩护球员或运球球员的防守球员必须让掩护球员处于有利位置以创建出色的团队防守。
- 防守球员在防守掩护球员和运球球员时不能优柔寡断。

（六）投篮

投篮是在篮球比赛中必不可少的技术。这个级别将继续强调基本投篮所需的正确技术和技巧，这对于培养球员的投篮一致性非常重要。

技巧 1

1. 上篮：手指拨球

基础阶段进行了对高手上篮的概述，下一阶段是手指拨球或低手上篮。 这种类型的上篮允许球员延伸到防守球员的范围之外或之下。这使篮球在篮板上旋转的可能性大大增加。它可以使球员在不同类型的投篮中更具创意。

· 低手上篮的技术和技巧与高手上篮相同，不同的是篮球如何出手。

· 球员将用双手抓球向上延伸，射手在篮球下面。

· 当球员伸出手臂时，篮球将从指尖滚落，手掌保持向上，手指指向篮板上的正方形区域。

· 就像跳投的后续动作一样，篮球在出手的过程中，最后碰到的将是中指。

根据上篮的角度不同，球员将清楚篮球如何从手中投出以及需要什么类型的旋转。一旦球员熟练了强侧手（投篮手）投篮，可切换到弱侧手。

重点要点

· 与高手上篮相同的步法和技巧。
· 伸展投篮臂（不要短臂）。
· 手掌朝上的后续动作。
· 根据上篮的角度学习篮板的旋转。

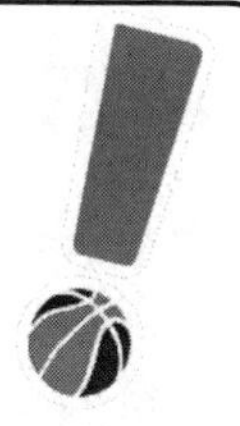

技巧 2

2. 上篮：反向上篮

反向上篮与上面讨论的低手上篮相似。不同之处在于从篮筐下上篮的角度。通常情况下，当防守球员从后面过来时，会使用这种类型的上篮。此类上篮允许进攻球员切断防守球员，在使用篮筐作为保护手段的同时越过防守。

· 有两种方法可以完成反向上篮：一种是背对球场中央，另一种是背对底线。

· 首选方法是背对球场中央，这样进攻球员可以用身体保护篮球。球员两种方法都要学习，以便能够根据比赛情况灵活应用。

· 反向上篮的步法是相同的，只需要在投篮前走两步。

· 身体投篮侧的手臂和膝关节同时抬起。

· 投篮本身很可能是反手投篮，让篮球进行适当的旋转，一旦击中篮板，它就会向篮筐方向旋转。从这个角度来看，旋转是上篮的关键。

· 如果球员的背部始终朝向场地中央，球员应该使用这种姿势来保护篮球并创造空间。这将有助于通过远离身体的外展手臂来帮助上篮。

· 如果背部面向底线，原则保持不变；不同的是篮球的旋转。在这种情况下，球员需要让篮球进行适当的旋转，使其向篮筐反弹。

重点要点

· 正确的上篮步法和技巧。
· 低手上篮。
· 理解适当的旋转方向。
· 完全伸展手臂。

练习：上篮，麦肯的三种方式。

以名人堂成员乔治·迈肯（George Mikan）命名的迈肯（Mikan）训练是一种可以在篮筐下进行步法和不同类型动作的练习。包括在篮筐的两侧连续交替投篮。许多教练会给球员做下列训练安排：

· 设定训练时间限制。

· 限制球员投篮次数。

· 为每个球员设定投中的次数目标。

不同类型的动作包括：

· 高手上篮(肩部收紧)：背对球场中央。

· 头顶上篮(伸展,远离肩部)：背对球场中央。

· 低手上篮(外展,远离肩部)：背对底线。

步法保持不变,膝关节和投篮手同时抬起。

· 当球员学习步法时,提高速度的关键是当篮球进入篮网时移动脚步。

· 如果篮球在网边转出,此时脚步已经跟过来,则可以立即开始下一次上篮。

· 此外,重要的是要在整个练习中保持篮球高度。这有助于速度提高并养成在上篮时保持篮球高度的习惯。

· 根据球员的能力和完成情况,在一定时间内增加投中次数来增大难度。重要的是要球员掌握所有类型的上篮,在比赛过程中可能需要其中任何一种。

重点要点

· 适当、快速、高效的步法。
· 跳起来控制身体移动。
· 当篮球在空中时加速移动。
· 适当的旋转，正确的上篮动作。
· 伸展手臂。

技巧 3

3. 上篮：身体接触

在比赛过程中,随着比赛水平的提高,上篮得分的可能性降低。因此,在与防守球员接触时,必须学会如何完成上篮。

· 最安全简单的方法之一是使用障碍垫练习。用肩部和身体小心地接触，而不是膝关节和头部。

· 许多球员都是视觉学习者，因此使用篮球场上画好的标线非常重要。考虑到这个方面，就需要教球员如何使用罚球线来进行身体接触。

· 让球员沿着球道往篮下运球两次。

· 一旦球员到达该区域，球员将改变方向并直接保持 90° 角朝向边缘而不是朝向底线移动。

· 在球员改变方向的那一刻，球员将外侧脚挪向边缘，允许在方向上改变两英尺。

· 肩膀应与底线保持平行，允许球员用肩膀带球，这样篮球就能保护身体免受防守球员的伤害。

· 让篮球留在外侧的肩膀准备接触，并为高手上篮创造空间。

· 在一场比赛中，如果一名防守球员阻碍了射手用内侧手上篮，理想情况下该投篮队员仍然能够用外侧手完成上篮。这就是有许多球员能够在犯规时完成上篮并将他们送到罚球线的原因。

· 在接触的同时，培养球员在球场两侧完成上篮的能力。

· 结合球员身体接触的时间和角度，再次注意远离头部和膝部。同时挑战球员使用不同方式从不同角度完成上篮。

· 无论是否犯规，球员都要保持对篮球的热爱并有能力完成比赛。

· 对于球员来说，重要的是完成比赛，但不要期待接触。保持良好的身体控制和正确的步法以及充足的动力将有助于球员在这一领域的发展。

重点要点

· 教练应该使用垫子以保证安全。
· 身体正面接触时，让篮球远离身体。
· 身体侧面接触时，伸展手臂。
· 从两英尺处起跳；改变方向以面对接触。
· 不要期待接触。
· 乐观面对接触。

技巧 4

4. 急停跳投：跳跃

· 由于难以控制动量，跳跃对于球员来说比两步急停模式更具挑战性。如果学习和实施得当，急停跳投步法可以让球员更快地进行投篮。

· 为了便于学习，球员从罚球线以外开始，在投篮手的肘部进行一次运球，之后以一个微妙的两英尺跳跃落在篮下而结束。

· 从方形区低位置升高到前面概述的水平位。

· 至关重要的是，球员必须通过跳跃保持低位，并准备好直接上跳，这样就不会有任何无效或反向运动减弱力量。

· 同样重要的是要控制运动的动量，在球员起跳的位置或此位置前方落地。

· 球员不应向后退，这会提升射手的力量和准确性。

· 一旦球员适应了向投篮手运球的步法后，就训练弱侧手。球员将需要在没有交叉运球的情况下将球从弱侧手转移到投篮手。

· 在接球之前，一次强有力的运球有助于将篮球从弱侧手转移到投篮手，然后快速靠近身体。在加入步法之前，可能需要单独练习这种转换，之后再放在一起练习。

· 训练让球员从更困难的角度切入篮板，不断变化不同的距离和运球次数。一旦球员能熟练练习，就要进行培养球员的创新性。

重点要点

· 方形区域到篮筐。
· 控制动量。
· 快速有效地运球到投篮。
· 通过跳跃保持低位，并随时准备起跳。
· 自始至终地练习正确投篮技术。

技巧 5

5. 急停跳投：两步急停模式

一旦你掌握了用内侧脚跳投或两步急停模式的跳投，就必须了解在全场和半场使用这种技能的区别，而不是在受到防守压力的情况下使用这种技能。

（1）全场地。

在全场地情况下，球员很可能会快速运球，或者在转换过程中快速跑动以获得传球。在这种情况下，球员在运球时接近跳投的速度很快。

· 此时，球员需要向前移动并将能量转换为向上的运动以提升跳投能力。这种动量变化很大，应该全速切入以模拟比赛速度。

· 由于球员在全场，篮球的位置不一定要求精确，但篮球应该受到控制并且通过运球快速移动到投篮手。脚步要快，不能快速投篮。鼓励球员完成高难度动作。

重点要点

· 完整练习，像比赛一样的速度。
· 控制速度 / 运动动量。
· 接球快速运球，将运球迅速转成投篮。
· 完成高难度动作。
· 自始至终地练习正确的投篮技术。

（2）半场。

· 当在半场受到防守压力时，跳投两步急停是一种非常不同的方式。重要的概念是，进攻球员需要迫使防守球员站稳脚跟来有机会跳投，并立即进行。

· 进攻球员会迫使防守球员做出反应。进攻球员在篮筐处进行一次（或两次）强有力、快速的运球，防守球员可以通过后退、下步或滑动对这种快速切入作出反应。

· 发生这种情况时，如果跳投的其余部分正确完成，进攻球员就会具有优势。除了这种紧急运球之外，进攻球员应处于比在全场更低的位置，几乎将内侧肩膀降到进攻球员的腹部。（请注意这只是为了视觉目的；球员不应该扮演防守球员。）

· 此时，凭借自然的内脚步法（两步急停模式），快速上升，进攻球员将能够在防守球员复位之前完成跳投。

· 步法必须自然而快速。篮球从身体的外侧快速有效地转移到投篮位置，并立即上升跳投，完成高难度投篮。

· 针对不同类型的防守球员进行不同角度和数量的运球，以帮助球员了解如何在受到阻拦时为跳投创造空当。

重点要点

· 紧急运球到篮筐下。
· 突破时保持身体低位。
· 迫使防守队员撤退。
· 自然／快速／高效的内脚移动（快速脚步移动，不是快速投篮）。
· 保护身体外侧的篮球。
· 快速／高效地从运球到投篮。
· 控制动量。
· 自始至终地练习正确的投篮技术。

技巧 6

6. 周边：三分投篮

除了作为一名外线球员在运球外进行进攻外，最重要的是训练三分线的一致性，以创造全面进攻的机会，这是一个具有挑战性的防守策略。当球员开始扩大投篮范围时，重要的是不要仅仅为了进一步投篮而改变正确的投篮技术，在这个阶段，可以利用腿和上半身的完美配合，在不改变力量的情况下扩展投篮范围。

如上所述，当进一步向后移动投篮时，重要的是在投篮中更多地使用腿部力量。如果有一段视频记录了球员在罚球线和三分线后投篮的情况，那么它们之间唯一的区别就是在三分线后的投篮更多地利用了腿部力量。

利用双腿关键的一点是要把接球放低位置，并为立即上篮做好准备,让整个身体一起工作,为三分投篮提供所需的力量。

开始学习三分球的技巧是保持静止不动。不需要关注动量和动作练习技能。

当在场上的各个区域都变得很熟练时,开始练习在传球过程中接球,然后进行三分球投篮。

在移动到跳跃之前最好以两步急停开始练习。

从运球中射出三分球,从两步急停开始,然后跳投。

同样值得注意的是,一个真正的三分射手还应该在三分线之外的一致性和范围上努力。把范围扩大到比赛中,如果球员在离三分线只有一步的时候接住了篮球,那么就不需要思考或者再来一次运球就直接把球投出去。

扩展到三分线之外,在多变的比赛环境中会有更大的灵活性。

最后,随着球员在上述所有技巧中的提升,作为教练,让球员在压力下练习投篮也很重要。挑战和分散射手的注意力可以帮助球员创造一种非凡的专注感。

不要阻挡投篮,尽可能创造一次比球员在比赛中看到的更具挑战性的状况。

继续训练球员,在每次训练中提高投中率。了解如何将以下挑战放在球员身上。包括改变距离、传球方式、切入类型和角度等。

重点要点

- 不要因为向后移动影响正确的投篮技术。
- 腿部的使用。
- 先静止练习,再后传球,最后运球。
- 将一致性扩展到三分线以外。
- 随着球员的进步,进行投篮比赛。

技巧 7

7. 周边:投篮掩护

当球员掩护时,他们应该在接到篮球时进行思考并寻找得分机会。球员应该如上所述使用掩护。

· 在掩护时，球员应该注意防守球员的位置，以便执行投篮所需的正确切入和步法。一旦确定切入，对于投篮球员来说准备投篮是至关重要的。

· 从掩护上切入很重要，执行的角度同样。

· 当球员接近篮筐时，走到潜在防守球员的球道，将其切断。很多时候，使用两步急停的模式，创造空间和势头，从而进行有力且平稳的投篮。

· 除了采取适当的角度外，使用有效的步法，与传球球员进行口头和身体上的交流也是至关重要的。球员可以使用手势来传递他们希望接球的位置信息。

· 对于有天赋的防守球员来说，这意味着你是否能够得到一次投篮机会。在篮球的传递过程中，高效快速的步法对于直接进行跳投非常重要。

· 让球员全速练习这一点非常重要。提醒他们特别注意以下细节：如何使用掩护，根据防守球员的位置切换使用，与传球球员进行交流以及正确的步法。

重点要点

- 在掩护上，应根据防守进行切入。
- 与传球队员沟通。
- 适当的角度和步法。
- 立即起身跳投。
- 加强之前讲述的所有投篮技巧。
- 以比赛速度切入、接近和投篮。

练习：周边：后侧掩护。

后掩护投篮的步法与上面概述的切入大不相同。

· 当射手接近掩护队员时，防守球员会跳过掩护或从下方滑过，以防直切。射手将立即改变方向，在许多情况下，他们会回到他们来的位置或稍微不同的角度位置。

· 通常在这一点上，射手正朝着和篮筐完全相反的方向前进，这种类型的切入对于射手来说是最难保持一致性的。

· 球员需要清楚射手朝着相反的方向移动，这使得接球和步法至关重要。

· 当接到篮球时，球员需要将行进动力转向篮筐的方向。

· 当接到篮球时，使用两步急停保持低位是最容易学习的。在这种情况下，由于接球的角度不好，使用两步急停投篮可能需要更长的时间。这让跳投成为一个很好的选择，但同样也要继续训练积极引导行进动力朝向篮筐。

· 模拟比赛速度，从地板上的各种角度和方向进行训练。

重点要点

· 在掩护时，应该根据防守球员的位置进行切入。
· 与传球队员沟通。
· 为传球球员提供传球目标。
· 将动力转向篮筐以获得完成投篮的力量。
· 学习两步急停和跳投技术。
· 自始至终地练习正确的投篮技术。

技巧 8

8. 内线球员：传球

对于一名内线球员来说，重要的是在进攻中能形成双重威胁，使他更具有防守的挑战性。通常内线球员在比赛中的投篮包括高位和近角的投篮，特别是面对区域防守时。对于一名内线球员来说，学习下面几种不同类型的步法是很有价值的。

（1）两步急停。

· 就像在外线一样，球员可以利用两步急停的步法，让所有力量和势头都能自然地朝向篮筐。

· 在上述部分中，内线球员将执行内侧步法。

· 如果还有其他区域可以让球员规律地接球，则让球员也在这些区域附近等待。

· 提醒球员使用“空中球，空中脚”技术，摆正身体，然后起身投篮。

· 对于内线球员来说，即使他们最终没有投篮，这也是很重要的。保持这种正确的位置使得球员增加了投篮的可能性，从而打开其他的进攻区域。任何时候接住篮球，球员都应该是一个威胁。

（2）反向转身。

· 后场球员在外线使用反向转身（外侧脚是旋转脚）是很有用的，在防守球员做出反应之前，转身传球给后场有足够的空间的球员来跳投，如果在转身传球时，内线球员能够抓住并保持篮球的高度，这将是非常有效的。

· 如果发生这种情况，前脚接触地面并且身体平衡，就可以进行投篮。这些步骤可以快速完成，在防守球员做出反应之前可以进行跳投。

· 重要的是控制反向转身的动量，自然的运动会使球员向后移动。球员需要将动量重新聚集起来，并将其重新定向，使其直线上升，或者稍稍领先于球员最初起跳的位置。

· 重复以比赛速度练习会帮助球员获得对此技能的信心。

（3）跳跃。

· 一名内线球员不太可能在外线使用跳跃技巧，但还是要学习所有类型的步法来增加球员在比赛中的选择。

· 当篮球在空中时，球员会迅速地接住球，并准备立即投篮。同样，确保投篮的力度，控制切入的动量是非常重要的。

· 让内线球员从各种角度和速度切入，模拟球队进攻策略。同时确保球员使用各种类型的步法接住篮球以完成跳投。

· 训练球员了解什么时候使用哪种类型的步法，同时在完成投篮时保持一致性。

· 此外，训练内线球员在有压力和干扰的情况下完成跳投。

重点要点

- 清楚为何使用不同类型的步法。
- 随时准备接球投篮。
- 控制动力将所有能量集中到投篮上。
- 自始至终地练习正确的投篮技术。

技巧 9

9. 内线球员：移动前进

内线球员应该学会低位的接触。要在这个位置上接住球是很困难的。

· 指导内线球员将自己放在较低但高于篮板的位置。一旦接到篮球,这个位置应该能够根据防守球员的位置得分。

· 在接球时,球员应该快速完成:接球、收球、观察。

· 双手接住篮球。

· 将篮球带到下颌处,确保篮球安全。

· 观察防守球员所在的位置。

· 球员必须检查防守球员所在的位置,以便他们确定下一步可使用哪个动作。

· 以下是一系列的动作,让后场球员在低位进行练习。它要求球员使用双脚练习不同类型的步法。球员还需双手在篮筐上用几种不同的方式完成比赛。

· 随着球员的进步,他们应能防守并做出适当的对策。

使用前转身(边线篮下强转身,支点居中):

(1)低位落步。

D 高侧,脚趾冲向篮筐,双手向上。

(2)跳投 / 半钩手投篮。

D 高侧或后侧,底线处假低位落步,远离 D,完成高位。

(3)上 & 下。

与(2)相同的步骤,然后假的中投, D 跳,用身体卡位,保护外面的篮球。

(4)中驱。

如果 D 高,中间低位转身,假投篮,穿过球道,用身体保护篮球。

(5)中驱旋转。

与(4)相同的步骤,如果 D 切断中间,旋转脊柱,以实施运球卡位。

重复(1)—(5)(中间低位落步,底线处转身)。

使用反向转身(中间反向转身,中间脚为枢轴脚):

(1)跳投。

D 低侧或后侧,用反向转身创造空间,篮球高位,方肩。

(2)中驱,完成对侧投篮。

同样(1),假投 D 打开中间,用身体保护篮球。

(3)中驱, 后转脊柱。

同样(2), D 跳中驱,用腿卡位,保持篮球靠近身体。

(4)中驱, 假转, 中间跳投。

同样(3), D 跳跃然后跳跃旋转,完成高跳投。

(5)中驱、跳篮、上 & 下。

同样(4), D 中间跳投,逐步上下,转身时保持脚向下,保护篮球。

重复(1)—(5)(底线反向转身,底线脚枢轴脚)。

· 当球员开始熟练步法并理解逐渐何时使用这些步法时,随着信心的增强,球员应开始注重细节。

· 在整个动作中保持篮球的高度,使用高效的步法,用我们的身体卡位,完成打板传球或在跳投时触球。

· 任何一个未投中的球都应该补上一个投中的球,所有的动作都应以比赛速度进行,并要重复练习。

·随着球员的进步，开始接触比赛并进行投篮。最后，加入一名现场防守队员，以便在防守时完成对抗球员任务。

重点要点

·三个C：接球，收球，观察。
·接受身体接触。
·重心放低。
·进行移动和对抗防守。
·正确的步法，无须跑动。
·在所有动作中保护篮球；保持高度。
·完成度高。

技巧10

10. 罚球：高尔夫球

除了正确的投篮技巧和一贯的套路外，在罚球线上培养更高水平的注意力和集中度也是很重要的，这可以帮助球员做好承受压力的准备。一种可以帮助球员开发这种技能的训练被称为“高尔夫”。

·球员可以使用这种训练来挑战自我，或者选择与他人竞争。

·一名球员将投篮18次，就像一场高尔夫球由18个洞组成，比赛的目标是得分最少，最好低于标准杆，标准是零。

·每次投篮将按以下方式计算：

错失罚球 = +1

罚球（不利索，与篮筐接触）= 0

罚球（利索，不接触篮筐）= –1

·如果一名球员罚球全部命中并且从未接触过篮筐，则该名球员获得了最佳得分（–18）。如果一名球员每次罚球都失误，则得分为（+18）。

·球员应该让比赛变得有竞争力，无论他是单独“高尔夫”，还是与队友合作。

·比赛的得分有助于给射手施加压力，这需要不同程度的专注度。

·教练可以创造性地使比赛更具挑战性，或模拟更多类似比赛的场景。例如，球员可以在罚球之前进行场地长度的冲刺，以提高体能并且培养在疲劳时罚球的能力。

·教练也可以让球员参加一场贯穿整个高尔夫的练习比赛。在两次练习之间投一两个罚球，这需要耐力和快速恢复镇静和专注的能力。

重点要点

- 模拟压力场景。
- 集中并加强注意力。
- 协助解决投篮技巧问题。

（七）团队防守概念

三级团队防守概念采用二级团队防守概念作为基础并对其进行发展和优化。在这个级别，半场防守增加了一些情况，例如掩护、后场和外线的防守，跑动和跳跃状态，陷阱防守，区域防守，更关注时间和得分情况，涉及团队防守、篮下防守、内线防守以及转换防守混乱的情况。

技巧 1

1. 带球掩护

· 为了掩护防守，防守球员必须保持站立姿势，相互沟通并清楚掩护设置的位置。

· 当他防守一名非常出色的射手时，控球球员的防守球员有时需要越过掩护的顶部。

· 当正在设置掩护时，防守掩护者的防守球员必须在掩护接近防守球员时喊出“掩护左侧”或“掩护右侧”，让他知道掩护将设置在哪里。

· 掩护球员的防守球员将在掩护上“阻挡”，上前一步，并向运球者显示他的号码。

· 阻挡让运球员远离掩护，因此防守运球的球员可以越过掩护与运球球员保持一致。

· 当运球球员掩护时，掩护上的转换也可以是一个选择。当运球球员掩护时，防守掩护的防守球员会喊出“转换”并防守运球球员。

· 当运球球员使用掩护时，运球球员的防守球员将切换到掩护球员。

· 运球球员的防守球员也可以进入掩护下方。为了实现这一点，掩护上的防守球员将退后一步，允许运球后卫在掩护后面跟随运球球员。这为防守球员创造了一个“窗口”，使之能与运球球员取得呼应。

重点要点

· 阻挡必须具有攻击性，但能够回过头来保护掩护球员，并且能够意识到掩护球员的失误。
· 当转换掩护时，转换到守卫掩护球员的防守球员站在球员面前，在他跑向篮筐时阻止传球。
· 如果防守球员具有相同的体型和速度，使用转换防守效果最佳。
· 当在运球球员的防守球员创造一个窗口时，防守球员必须退后一步才能让运球球员的防守球员进入掩护下方。

技巧 2

2. 策应防守

· 策应防守包括对任何处于进攻位置的球员进行防守，背对篮筐，通常在禁区，但可以在高位。

· 策应防守因球的位置而异。保护球侧的球位对于阻止球轻易进入后区非常重要。

· 如果球在罚球线上方，策应防守应在进攻型后防线球员的一侧，使其胸部位于进攻策应防守球员的肩部。

· 外侧手高，手掌向球张开，不鼓励传球。

· 外臂是一个手臂杆，放置在进攻内线球员身上，以便在防守球员和进攻内线球员之间创造一个空间。

· 当球在罚球线下方传球或运球时，防守球员必须将胸部保持在进攻内线球员身边并向前方移动以阻止传球。

· 当传球或运球到底线时，防守队员通过移动双脚和“拥抱”进攻队员，保持手臂高举，快速从高侧防守姿势变为低侧防守姿势。

· 当球从顶部移动到侧翼再到底线时，保护球的另一种方法是逐步完成动作。这样防守球员在任何时候都能盯着球，而不是在“拥抱”进攻内线球员时背对着球。

· 通过有序的方法，当球被运到或传到底线时，防守球员将他的后脚在进攻内线球员前方摆到前方位置。

·防守球员使用他的枢轴脚下降到进攻内线球员的底线侧，这样就形成了一个 X 型的模式，可以保持对球的监视。

重点要点

- 防守球员的臂杆与进攻球员的肩同高。
- 防守球员可以通过将自己的身体和手臂放在传球路线上，可以阻止进攻球员传球。
- 通过“拥抱”进攻内线球员，当球从边线传到底线时，防守球员可以左右移动。
- 在进攻内线球员身边进行防守，防守球员必须注意不要为了传球和轻松投篮而放弃角度。
- 如果球确实进入了内线，防守球员必须快速进入内线球员和篮筐之间，这样一个简单的步骤就可以阻止投篮。
- 当防守球员在防守位置上与进攻球员对抗时，篮板球角度会变得更加困难。防守队员必须快速跑到内线球员前面抢篮板。

技巧 3

3. 外线防守

·外线防守发生在防守进攻球员处于面对篮筐的任何位置时。

·外线防守最重要的部分是正确的姿势——脚要比肩膀宽，手臂要与进攻球员保持距离，眼睛要盯着进攻球员的中段，手和手臂要高于腰部。

·当进攻球员带球移动时，防守球员必须先将脚 / 腿移动到阻止运球的方向。

·防守球员向阻止运球的方向迈出一大步，用另一只脚用力蹬地。

·进行边线训练。球员在边线排队，外侧脚在边线上，面向前方。在教练的指挥下，队员先用内侧脚蹬地，再用另一侧脚蹬地。

·球员将以这种方式继续到相反的边线，确保在相反的边线方向上迈出一大步。

·当球员到达三秒区线时，他们会进行跑动，然后转身向对面的边线。随后球员将跑向球道线，后跑向冲刺球道，最后跑到边线。

·“之”字型全场训练是防守带球球员的好方法。进攻球员从底线开始,利用全场地的三分之一的距离之字形运球到相反的底线。

·防守球员将保持一个良好的姿势,并保持在运球者的前面,使用篮下低位落步在前面。为了让防守球员有适当的步法,进攻以半速开始。

·锥形训练在比赛中就像是1V1的情况。在距边线约3米的半场放置一个圆锥体。另一个圆锥体放置在第一个圆锥体外约3米,距离半场线1.5米。两名球员在底线上面对锥球,运球者在外侧。

·在带球球员指导下,在半场线绕着圆锥体运球,而防守球员则绕着圆锥体跑向内线。

·运球球员会绕着圆锥体运球并向篮筐进攻,而防守球员会绕着圆锥体冲刺,保护运球球员。

·运球球员必须绕着圆锥体运球,并在圆锥体之间移动以向篮筐发起进攻,而防守球员则要努力阻止运球球员得分。

重点要点

- 防守球员的头部应该低于进攻球员的肩膀——防守应该从低到高,处于位置低时,无论是在进攻还是防守上,通常都会获胜。
- 如果进攻球员将球运到左侧,防守球员必须先移动。
- 右脚一大步,以保持在球和篮筐之间的距离。
- 防守球员的前一步或两步的移动将决定他是否能够保持在有利位置并且阻止运球球员接近篮筐。
- 防守球员的双脚不应该交叉或相近的距离小于肩宽,除非运球球员跑到防守球员前面,在这种情况下,防守球员必须转身跑向运球球员。
- 运球球员随球改变方向的任何时候使用低位落步。防守球员必须以45°角放下他的右脚,控制运球并保持在身体前侧。过大的低位落步——低位落步180°——会让带球球员越过防守球员。
- 在锥形训练期间,运球球员应该在球场的一半区域而不越过边线。一个好的规则是在圆锥体周围限制运球为2或3次。

技巧 4

4. 跑跳防守

· 跑动和跳跃防守通常是在全场防守的情况下进行的，并包括进攻球员的突袭。

· 这也称为跑动、转换防守。

· 这包括在球场上运球时换防守队员。防守队员靠近运球球员时，防守球员会离开需要防守的队员，跑向防守运球球员。

· 防守运球球员的防守球员将离开运球球员，冲向防守球员。

· 出其不意的跑动将决定跑和跳的成功——如果运球和跳投可以在运球球员低头或球员运球失控时进行，防守球员成功机会更大。

· 训练跑和跳的最佳方法是让两名防守球员都在罚球线上进行全场比赛，两名进攻球员一起努力将球向前推进。

· 当其中一名进攻球员运球到球场中央时，跑过去帮助防守球员掩护带球球员时，防守带球球员的原始防守球员跳过去掩护进攻球员。

重点要点

· 跑是指防守球员跑向运球球员，而跳是指运球球员的防守球员转换为防守进攻球员。
· 跑到运球球员的防守球员需要在接近运球球员时快速冲刺，并举起双手阻止对方传球。
· 跑到运球球员的防守球员必须喊出转换，开始跑跳防守。

技巧 5

5. 紧逼防守

· 紧逼防守用来对进攻球队造成干扰并利用差的传球进攻球队。

· 优秀的紧逼防守球员会一直高举双手，所以进攻球员很难将球扔出范围。

·当球被迫推到边线时或进攻球员带球在角落停止运球时，会使用紧逼防守。

·制造陷阱的两名防守球员形成“L”型陷阱，其中一名防守球员的肩膀垂直于边线，而另一名防守球员的肩膀平行于边线。

·脚成字母“L”，因此得名“L”陷阱 。

·防守球员不能让进攻球员跨到他们之间传球或运球。

·要教防守球员如何设陷阱，先让进攻球员在底线运球后在边线向防守球员运球，防守球员在边线上守球。

·进攻球员将转身并将球传给另一名进攻球员，后者将球带在进攻球员身后并位于边线的球侧。

·带球的球员现在运球到对面的边线，而两个陷阱防守球员现在转身并冲刺以在另一个边线困住新的进攻球员。

·带球的原始球员将成为陷阱中进攻球员的新接球手，他将站在球的后面，站在边线的球侧，持续到第四个陷阱。

重点要点

·防守队员的紧逼可能不会因为攻击进攻球员而抢断，但是当球扔出陷阱时，就会发生抢断和失误。

·大多数陷阱都是由于对方有组织的防守或死球，而在全场紧逼防守的情况下布置的。

·在陷阱训练中没有球的进攻球员必须保持在球的后面一步，这样才能从陷阱中传球，进攻球员必须站在边线的篮筐侧。

·当运球球员失去控制时，或者当运球球员背对进入陷阱的防守球员时，应该设置陷阱。

技巧 6

6. 区域防守

·区域防守是指防守球员防守区域内的任何队员而不是防守某一特定球员。

·区域防守可以采用多种不同的形式。

·2-3 区域联防，罚球线上有 2 名防守球员，边线附近有 3 名防守球员。

· 1-3-1 区域联防，1 名防守球员在罚球线以外，3 名防守球员延伸到罚球线和边线区域，1 名后卫在球道内。

· 1-2-2 区域联防，1 名防守球员位于罚球线以外，2 名防守球员位于罚球线的角落或侧翼，2 名防守球员位于罚球线区域。

· 3-2 区域联防，3 名防守队员横跨罚球线边线区域，2 名防守队员位于罚球线区域。

· 以上每一种区域防守都可以非常有效地在这个区域团结一个团队的力量，例如，如果进攻球队规模很大，2-3 区域联防可能最有效防守球道内进攻球员，迫使进攻球员在外线投篮。

· 如果进攻队是一支优秀的外线投篮球队，那么 1-3-1 或 3-2 区域联防也许是防守外线射手的最佳选择。

· 区域联防的关键在于，当进攻球队的球落在边线上时，所有区域中——无论什么类型的区域防守团队——都将看起来像一个 2-3 区域，底线一名防守球员防守球，禁区内一名球员，补防侧一名球员，在球侧罚球线拐角处有一名防守球员，在对面罚球线拐角处有另一名防守球员。

重点要点

- 区域防守必须得到良好的指导，防守球员可以了解防守区域内的球员。
- 区域防守可以掩盖团队中的弱点，例如缺乏高度或速度，以人盯人的防守来掩护对手。
- 当球在空中时，所有五名防守球员都必须移动，这样他们在接到球时就可以在禁区内进行良好的防守轮换。
- 区域防守有助于在进攻球员试图进攻区域内的缺口时拦截防守。
- 交流是进行良好区域防守的关键，因为进攻方可能有两名球员和一名防守球员在同一区域联防内。
- 区域防守中的防守球员应该保持他们的手和手臂的高度和宽度，以破坏传球路线。

技巧 7

7. 时间和分数情况

· 防守球员必须随时了解比赛期间的得分和时间情况，以便进行调整。

· 如果进攻球队在比赛的后期领先，那么防守球队应该知道在进攻球队得分之前他们是否有犯规。

· 防守球队需要知道会在比赛后期犯规的进攻球员和罚球命中率最差的球员。

· 如果防守球队在比赛的最后阶段领先 3 分，防守球员应该知道是否应该对进攻球队犯规，把他们放在罚球线上以防止 3 分球投篮。

· 在时间不到 1 秒钟的内线球比赛中，防守球队需要意识到，如果投篮由进攻球队掌握，这可能是一种接球或投篮的战术。

· 根据比分和时间切换防守——从一个人到另一个区域，以便在比赛后期更好地抢回球权。

· 在背后制造压力可能抢断球或让进攻球队更快地投篮。

重点要点

· 沟通非常重要，这样所有参与球员都能了解实时情况和可用选项。
· 防守球员必须准备好争夺防守，拦住进攻方的球员。
· 在故意犯规一名进攻球员时，一定要在投篮前犯规。

技巧 8

8. 压迫防守

· 压迫防守必须适合防守球队的人员以及球队的基本理念。

· 当使用压迫防守时，陷阱将非常有价值，因为陷阱是压迫防守的重要组成部分。

· 对于陷阱的不同压迫区域，可以在全场或 3/4 场地进行防守。

· 压迫防守可以采取人盯人防守或区域盯人防守的形式。

· 人盯人的压迫防守需要防守球员的进攻球员在一套完整的 3/4 区域联防中，有机会跑动和跳跃，转换或制造陷阱。

· 全场区域防守是 1-2-1-1 阵型，一名体型高大的球员防守内线球员，两名防守球员从罚球线区域开始，一名控球后卫在中间，中锋在身后。

· 当球被后卫和最接近防守球员的球员抛向边角，对方防守球员靠近球侧的球道进行下一个传球时，就构成了陷阱。

· 控球后卫直接沿着边线走传球路线，中锋走到中线，以防守中路的进攻球员。

· 2-2-1 区域联防是一个更加"被动"的防守方式，在罚球线上有两名防守球员，在中线上有两个前锋，篮筐底部有一个中后卫。

· 鼓励进攻球员将球带到可能发生陷阱的边线。所有防守球员都会转移位置，这样中场就会得到保护，边线传球也会得到保护，篮筐也会得到保护。

· 1-2-2 区域联防的压力可以是全场压力，也可以是 3/4 球场压力，防守球员位于罚球线以外，两名球员位于中线位置，两位球员位于后排罚球线区域。

· 1-3-1 区域联防的球场有 3 名球员横穿中线以侵占中间进攻区。

重点要点

· 这是一种赌博防守，如果想要成功，需要持续的努力和耐心。
· 压迫防守的最大价值是打击进攻球队的士气，扰乱他们的比赛秩序。
· 压迫防守可以加快比赛速度，打破进攻球队正常的比赛方式。
· 压迫防守应该逼迫进攻球员将球带到边线或角落，以便诱捕或跑跳。
· 压迫并不一定要转身，而是让进攻球队努力把球带到球场上去。
· 人盯人防守的关键是用球对进攻球员施加压力对于压迫防守来说，一个好的规则就是球离防守球员越远，防守球员离进攻球员越远尝试只允许向前传球或反弹传球。传球回到你的进攻篮下并不会打击防守球队，但是向前的传球会给防守带来麻烦。
· 如果你所在区域的人有球，则使用盯人的原则。而转换的盯人原则取决于你的人在其他区域与球的距离。
· 一旦球越过你的防线，转身冲向你的防守篮筐，找出最有威胁的空位球员。强侧球员可能有机会从后方把球传出或陷阱投球，而弱侧球员可能有机会拦截传球。

技巧 9

9. 防守内线进攻

· 防守内线进攻首先要识别并意识到最佳进攻球员在内线的位置。

· 内线进攻的防守可以是区域防守或人盯人防守，也可以是两球员的组合，比如三角防守，由两名防守球员防守一人。

· 禁区——三分区域——应该着重防守，并且不能在禁区内轻易得分。

· 防守球员在 1V1 的比赛中，必须与队友沟通，或者换人，否则防守球员必须越过掩护以阻止投篮。

· 区域联防在内线进攻中是很常见的，它可以阻止篮下的轻松投篮，也可以阻拦外线投篮。

· 防守队员可以让一名球员防守篮板球，给对方球队增加压力。

· 防守队员必须迅速建立起防守体系并做好准备，一旦球穿过内线，传球球员就立即进行防守。

重点要点

· 防守球员必须了解射手位于内线的最好位置。
· 如果为盯人防守，防守球员必须在设置掩护后进行沟通并注意进攻中的传球球员。
· 区域防守通常采用 2–3 区域联防的形式，三名队员穿过底线。

技巧 10

10. 在混乱状态下的防守转换

· 防守转换包括尽可能快地跑回来掩护进攻篮板，并在区域防守或盯人防守中与进攻球员配合。

· 第一个防守球员的后卫——通常是控球后卫——会先把球停住，然后迅速冲向球道区域。他将离开球道区域，防守第一个传给边锋的传球。

·当进攻传球到侧翼时,第二个防守球员会跑到三分线的顶端并盖住篮筐。

·当球停下,其他防守球员又冲向进攻端时,才会出现真正的争抢局面。

·"Laker 训练"是一个非常好的转换训练。

·两个队伍分别在三条线上的每个底线上,训练以 4V4 的形式开始。

·当球投出时,防守队员会去抢篮板。得到篮板的防守球员可转换到进攻球员,而四个进攻球员只是进攻。

·三名新球员将争抢篮板球,并将其转换为进攻球员对四名防守球员。

·新的进攻球员将尝试得分,得到篮板的防守球员会在底线把三名新球员换为进攻。

·在训练中,模拟一个失误的投篮,将球从篮网中取出的防守队员将作为进攻转换队员之一留下来,并在训练中增加三名新队员。

·练习可以有时间或分数的限制。

重点要点

·进行良好的沟通,以实现良好的防守转换。

·球必须先停在转换阶段,或者至少让球减速,以便有时间获得更多的防守帮助。

·关键是跑向球场,并能够识别空位进攻球员的位置。。

·在防守球员快速反击时,让防守球员从背后传球也是一种选择。

·沟通,快速跑回来,断球,然后掩护进攻球员。

(八)团队进攻的概念

该级别的团队进攻概念将建立在基础级别引入的概念之上。这个级别的许多概念将以团队合作为基础,并在团队合作的框架内做出正确的决定。球员处于许多情况下,将使他们在场上做出快速准确的决定,提升球员能力。

技巧 1

1. 一次和二次转换

· 在此级别中,二次转换与一次转换同样重要。防守队伍越好,一次转换更难,所以进攻转换更多地取决于二次突破。

· 快攻应该尝试遵循相同的基本理念,无论如何控球,都要遵循防守篮板、投篮、抢断、跳球、后场出界的模式。

· 必须有不同的选择才能将篮球快速推进到所需的区域,因为任何一种方法的延续很快就会被一支优秀的防守球队完全挡住。

· 必须对球员进行彻底的训练,这样他们才能在获得球权时做出快速的反应。

· 快攻的机会总是发生在后场,在获得控球权后的第一时间快速反应。

· 在二次突破和一次突破中,都应该以五人突破开始,在没有防守球员时,确保球员知道如何球道占位。

· 应始终在外围球道上占位中间禁区,尽可能快地传球或运球。把篮球带到外界的球员,通常是大个子的球员,在带着篮球的球员身后停留一两步,回传篮球,中锋尽可能快地穿过边线。

· 可能完成的快攻包括:任意一侧的上篮,切入球员的一次跳投,中锋在切入后将球传到中场球员后由中场球员跳投,中场球员投球或上篮得分。

· 将快攻训练从 5V0 推进到 5V5 场景,让球员知道自己的位置。

重点要点

- 一旦获得控球权，球员必须占位禁区，带球到达球场中间。
- 如果球员在该行动时犹豫不决，说明没有得到足够的训练，可能会失去机会。鼓励后场球员以直线从一个篮筐跑到另一个篮筐防守，可以实现快速突破。
- 切向篮筐时的角度是锐角，而不是弧线。
- 不断强调要抬起头来，尽快把篮球放在最好的位置。
- 带球的球员应该迅速、安全地把球传给其他人，如果没有空位，则应在运球时大力击球。

技巧 2

2. 了解优势 / 劣势

这是快攻情况的延续，在这种情况下，球员需要认识到他们的球队是有优势还是有劣势。

· 识别优势机会的最佳方法是连续 3V2 训练。两队在边线上排成一列，每一队的第一个球员在半场线上。

· 这次训练的优势是三名进攻球员对阵两名后卫，但如果进攻球队没有得分，很快就会变成劣势。

· 训练开始时，后场有三名球员，篮球在中间。两名后卫在前场等球，创造 3V2 的局面。

· 当篮球越过半场线时，第三名防守球员跑进半场。如果在第三个防守球员上场之前进攻没有得分，那么情况将变成 3V3 的比赛。

· 与此同时，第三名防守球员跑去触球，进攻方边线的两名队友也跑去触球，跑到另一端成为两名防守球员。

· 进攻方在一次投篮或失误之后，会走到边线的尽头。三名防守球员将会在快攻的情况下进攻两名防守球员。每当篮球越过半场线时，第三个防守队员跑去触碰篮筐，使之成为 3V3 的练习。

· 进攻球队可以通过运球或传球给外线球员，迫使两名防守队员越过半场。

·如果没有3V2的优势,进攻球员现在必须在3V3的情况下,运用进攻技巧,如掩护、切入和移动,试图得分。

重点要点

- 当篮球越过半场时，球员应该占位禁区，让防守球员难以防守所有三名进攻球员。
- 通过运球或传球尽快让篮球到达球场中央。
- 记分，打到一定的分数或时间，这样训练才有动力。
- 防守球员在投篮后不需要将球带出界外，只需要拿起球开始快攻。失误的时候训练也要继续进行，防守方刚刚转变成攻击方，进攻另一端的两名新防守方。
- 第一种选择是上篮或者从外线切入跳投。第二种选择是对三名防守球员进行反击。

技巧3

3. 半场间距和移动

这已经在入门和基础的层次上讨论过了,但现在我们有了半场的空间来尝试进攻。

· 没有预先确定球员的移动,而是取决于球员之间的距离以及防守球员的位置和方式。

· 注意掩护传球的人,这会给你的球队提供一个后防,这是进攻的基础。

· 与队友一起训练——一个球员拿着篮球,另外四个球员配对并设置掩护。

· 在掩护时不要跑过或绕过球员,而是为最近的队友设置一个掩护并继续进行掩护。

· 跑到掩护,但要走着设置掩护。切入球员应该晚使用掩护而不能早用。

· 在掩护下方——掩护球员背部应该面对篮球,在后防上,掩护球员应该背部面对篮筐。

· 传球后,传球球员有以下选择——切入、掩护、填充空位或等待使用掩护设置后防。

· 设置掩护后，可以从该位置开始继续掩护到底线，从后掩护、重新掩护到下掩护、滑动掩护，退回到篮球场或者填充球场上的空间。

· 收到掩护后，可以有以下选择——用后切接受掩护或拒绝掩护。

· 在基础阶段中描述的“切入训练”是教授动作和保持半场间距的最佳方法之一。

· 分解训练时，球员通过将篮球传给教练开始训练，然后为由上述选择的队友设置掩护。

· 以 2V2 的速度前进，这样球员现在可以在传给教练后读取防守球员的信息并进行适当的切入。

· 从 2V2，进步到 3V3，传球给队友防守。

重点要点

· 使用掩护时，目光注视防守球员而不是篮球。

· 在设置一次掩护之后，掩护球员会做出反应并向他的队友相反方向移动，如果球员在掩护周围进行卷曲切，则掩护球员就会退出。

· 通常，掩护球员是一个有空位可以接传球的球员，所以他们必须在掩护后走向篮球。

· 改变速度和方向将有助于切入球员空位接球。

· 使用掩护的球员应保持低姿态，掩护球员的肩部到髋部，会让防守球员更难以进入掩护球员和切入球员之间。

· 滑动掩护发生在当掩护球员尝试掩护时，但是在最后一秒会切入到篮筐，当防守球员出现卡位或出现双人防守时会出现这种情况

技巧 4

4. 具体设置以对手的人员或优势机会为主

· 当两支球队多次比赛时，根据球队的规模、速度和经验，一支球队有优势，球队应该在防守或进攻上利用这些优势。

· 记住，一支球队可能在进攻方面具有优势，但这支球队可能在防守方面处于劣势。

· 如果进攻球队的身高不匹配，那么应该利用这一点，将篮

球传递到身高可以产生差异的位置。

· 当一个团队转换掩护时，可能会让身高更高、速度更慢的防守球员防守一个身高更低、速度更快的球员。进攻球员应该立即试着在防守速度慢的球员周围投篮。

· 一个更快更小的球队可能会在接到篮球时，尝试加倍内线球员数量。如果发生这种情况，传球球员应该切入球场的另一侧，让他应该有足够的空间接传球。

· 防守的一方在球场上得到很好的防守会有优势。进攻球队必须迅速把球转移到掩护球员处。由于掩护球员的防守被挡出，掩护球员应该在篮下打开。

· 利用两名内线球员的最佳方法是，在篮球传到边路时，将一名内线球员放在每个盖帽和交叉掩护上。掩护设置好后，掩护球员应该在篮下有空位。

· 以适当的间距扩大球场范围，以便让更快的进攻球队攻击更慢的球队。

重点要点

· 如果有明显的身高优势，让进攻球员跑到内线，然后把球打到内线。
· 当防守队员防守内线球员时，防守距离很重要。球员们要保持适当的距离，当篮球快速传递时，要有空位投篮。
· 球员必须意识到球员个头大小，速度的差异，并确保始终存在适当的间距来利用这些差异。
· 使用快速转换。
· 进攻球员应该直接切入篮筐而不是切成弧线。

技巧 5

5. 区域概念

任何特定的区域进攻都有一些基本的区域进攻概念，这些概念可以用于学习对任意区域的防守。

当篮球进入底线时，所有区域看起来都很相似。当篮球位于罚球线以外时，无论是什么区域，将会看到 2–3 区域联防。必须有一名后卫在底线防守，一名在低位，一名在补防侧，两名在顶端。

·必须在区域空隙中运球，让防守方在谁掩护运球球员问题上犹豫不决。

·掩护区域会让防守球员犹豫不决，就像掩护导致对防守的犹豫不决一样。掩护可以高位或低位。

·快速推进篮球，以在 2V1 或 3V2 的情况下为进攻创造优势。

·运球球员必须付出很大的努力才能将篮球带到禁区——以打开外线。

·两侧的球道可以是罚球线上的两名球员。

·区域防守都有四个脆弱区域——缺口——这是两个区域防守球员之间的区域；禁区——罚球线上的禁区；底线上的 3.6 米处短角区域和篮板区域即盖帽区和罚球线前方的区域。

·如果防守球员没有掩护出一名球员，进攻篮板将会增加，但他们都要对一个区域负责。

重点要点

- 球员的位置必须在区域的空隙中。使用锥体或椅子，区域防守球员可以很容易地看到不管使用哪种区域防守，篮球必须移动，并且球员必须在进攻时移动来攻击防守区域。
- 篮球必须越过篮筐线——这条假想的线将球场从篮筐到篮筐横穿，以便获得进攻的优势。
- 当篮球推进到一个区域时，可能不会出现上篮突破。进攻端必须寻找从侧翼跳投结束的二次突破。
- 从侧翼到另一侧翼的传球，或者从侧翼到底线的传球对区域投篮是有效的。
- 扭转篮球方向的最佳方法是通过低位、中位或高位区域。背身转到相反的方向，把篮球传到空位。
- 球员应该在传球时移到空位，这样他们在接到球时就可以站稳脚投篮了。

技巧 6

6. 罚球情况

从进攻的角度来看，球员应该注意一些罚球情况。

·进攻球员应该在罚球线上自己指定的区域尽可能远离防守

球员。这样做会使防守球员更难完成一次盖帽。

· 最好的进攻在你站在球道右边看篮筐的时候，研究表明大部分的失误都是在这里产生。

· 当篮球接触到篮筐时，进攻篮板手应该坚定而快速地对对手阻挡，以避免双方阻挡被防守球员挤压。

· 一方的进攻球员可能在防守球员接触时滑动底线以获得篮板。

· 如果进攻篮板手不能用双手抓住篮球，则球员应该将篮球推向罚球线区域，罚球的球员将位于该区域。

· 当篮球击中篮筐时，进攻篮板手可能会试图越过球道，防守球员会更难阻挡他们。

重点要点

- 进攻篮板手不能让防守球员将肘部和前臂伸在上面。
- 进攻篮板手应从肩膀以上开始，避免手臂被压住。
- 在篮球击中篮筐之后，罚球射手应该留在罚球区域，以接住队友的长篮板球。
- 进攻篮板手应该在篮球击中篮筐的一刻就开始移动，这样会更难以阻挡。

技巧 7

7. 逼迫—突破概念

· 队员不要挤在一起，要盯住传球。

· 一个好的运球球员应该留有一定的空间，尤其是面对 1V1 的压迫时。

· 区域压迫时应该少运球。确保你的运球不要浪费在区域压迫上，在你把篮球拍在地板上之前，观察情况，试着向前快速运球。

· 把中心球员或其他个子更高的球员放在中心圆圈内，然后在地板中间突破一个出口。

· 在面对压迫时，应该有三名球员在位置上接球：一名球员在中间，一名球员在篮球后面一步，一名球员在半场线较强的一侧。这就给了带球的球员三个传球的选择。

· 当篮球到达场地中央或与篮球后面的球员反向时，下一次传球应该是在球场的另一侧。

· 如果面对压迫被动地进行比赛，例如 2-2-1，四分之三的场上压力，在进攻侧让最好的射手站在底线，以此来扩大范围。

· 在一定的压迫下，将篮球投到篮筐内，从罚球线区域的两名球员开始，一个球员向一个方向突破，另一个球员向另一个方向突破，从内侧传球。

· 也可以设置掩护，使篮球进入内侧。一名球员从罚球线的肘区开始，球侧的掩护球员为另一个球员设置掩护。从掩护上切下篮球后，掩护球员将回到篮球场进行传球。

重点要点

· 在一次投篮之后，内边界球员可以跑到底线，这可以缓解压力。
· 面对禁区压制时，尽量让篮球远离角落，这是压制最有效的区域。
· 当在场地中央接球时，朝对面或下方看防止压迫。
· 一旦进攻方具有诸如 3V2 的优势，进攻必须尝试得分。
· 一个优秀的运球球员必须防守，而不是在防守区接球，但应该能够将篮球运回来缓解压力。
· 篮板区域更容易受到防守方的攻击，所以进攻球员应该在投篮失误时进攻篮板。
· 尽可能快地进攻篮筐。

技巧 8

8. 发边线球的概念：篮下和边线

· 将篮球带出界外的球员必须花一些时间才能突破篮筐，而其他四个球员则需要尽快回到原定位置。

· 当球员到达他们的位置时，以持球球员发出的信号开始。

· 可以通过拍打篮球或将球举过头顶来发出信号，也可喊出一个名字或数字作为信号。

· 球员必须站在出界线后 1 米左右，并且必须保持平衡，不能倾斜。

· 一般来说，最好的射手是第一选择。

· 比赛应该在人盯人防守和区域防守中同时进行，比赛可以用来对抗任何一方的防守。

· 禁区是一个很好的组织形式，无论是在底线还是在边线，都可以从界外跑动。

· 在比赛的后期，必须有一个特定的掩护，可以从任何位置对防守方使用，这会对传球和进攻方球员造成压力，在这种压力下四人堆叠效果很好。

· 一个好的二次传球应该传给内线球员或大个子球员，他们已经设置好了掩护，并且正在跑回篮球场。

· 请注意，很多时候闯入比赛场地的内线球都是空位的球员。

重点要点

- 确保从球场两侧练习界外球。
- 选择运球的球员必须最警觉并且有良好的平衡能力。
- 让篮球进入内线的首要目的是寻找得分点。
- 将篮球带出边线的球员不能从该处移动，球员只能在投篮后移动。
- 对于区域防守的界外比赛，应该在球侧有一个超负荷——两名防守球员区域内的三名球员。
- 球员应该知道超时情况，如果需要，必须在官方开始四个计数之前喊出超时。
- 数五秒总比把球扔进篮筐然后被拦截要好。至少在对五秒进行的统计中，球队有机会设置自己的防守，而不是被拦截让对方轻松得分。

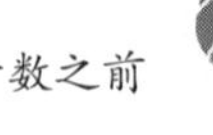

技巧 9

9. 跳球情况

· 显然，跳球的情况并不多，但在比赛开始和任何加时赛阶段，跳球控球可以让你的球队获得额外的控球权。跳球变成了团队的事情，所有五名队员必须保持警惕。

· 跳球的球员必须与时间联系起来，不能跳太早，也不能等着拿球。

· 球员必须直线向上并将倾翻臂延伸。

·不能拍打篮球,用手腕和手指轻弹。

如果对手有优势,试着掩护每个人,除了在他们的球员前面或旁边跳球的人。然后提示空位球员和我们的球员在后面的跳投中,在空位球员前面窃取提示。

重点要点

·跳球的不同球员有不同的姿势，每个人都应该做他觉得最舒服的，只要他在跳的时候能达到最大的高度。
·对方球员看起来很有可能得到优势。那就尽可能围堵他。
·跳球的球员应该在跳球时举手保持良好的平衡，并注意进攻和防守。
·不要在跳跃时对你的对手犯规，但一定要保护属于你的区域。

技巧 10

10. 时间和得分情况

·所有球员在整个比赛过程中都必须对时间和分数保持警觉,这样才能在比赛上更好地发展。

·关于在比赛的最后几秒内领先三分的情况的两个想法：进行非投篮犯规,这将允许球员仅投两次罚球或不犯规并让另一支球队投一个有防守的三分球,最多是平局。

·运球球员可以使用与时钟上的秒数一样多的运球方法：四秒钟就可以进行四次运球和一次投篮。

·如果在比赛的最后几秒落后,进攻球队的优势在于防守球队不想要犯规,这使得进攻球队在尝试得分时成为更具攻击性的球队。

·尝试在交错的双掩护上投出最好的三分球。

·如果进攻设置了一个掩护,设置掩护的球员应该在设置掩护后退后一步,该球员可能会有空位投篮的机会。

·通过犯规延长比赛时间,但要试图对最不准的罚球手犯规。不要让最好的罚球手得到机会。

重点要点

· 在离比赛结束还有几秒钟的时候进行投篮，这样有机会抢到进攻篮板并重新控制篮球。
· 在最后几秒钟内，所有五名进攻球员都应该去抢篮板。
· 如果进攻队落后，在这种情况下，裁判很少会判犯规。
· 在最后几秒内攻击篮筐时，目标是让篮球进入禁区，然后进行平衡投篮。
· 在进攻球队投篮得分后，可能会要求暂停。这将有助于建立防守。

技巧 11

11. 团队篮板

· 进攻篮板可能会涉及进攻篮板球队获得优势的一些特殊情况。

· 获得进攻球队优势的最佳方法之一是为每个进攻球员分配区域在篮筐前面的区域，一名球员前往一侧禁区，另一名球员前往篮筐另一侧的禁区。一名后卫进入罚球区，另一名后卫则在防守转换中冲刺回来。进攻球员在投篮时移动到该区域，会更加难以防守。

· 进攻球员可以采取多项举措来提供获得篮板的好机会——交叉动作、旋转动作和内向外动作。

· 如果投篮失误，球员必须知道篮球最有可能从篮筐上掉下来的地方。通常情况下，当投篮未命中时，篮球的方向与投篮手的方向相反。

· 球员应该知道投篮的距离。较长的投篮将产生更长的反弹篮板。

重点要点

· 交叉动作是进攻球员穿过防守球员并试图将他的肘部放在防守球员的肘部之上的一种动作。
· 旋转动作是防守球员接触后的一个完整的旋转动作，很难被挡出。
· 从内到外的动作是向底线迈出的一大步，也是在防守球员试图挡出的前方移动。对于进攻型球员来说一个 V 切首先是切入底线。
· 当进攻球员移动位置要获得进攻篮板时，双手必须高于肩膀。
· 如果进攻球员不能用双手抢篮板时，可以将篮球倾斜到罚球线区域，让后卫得到较长的篮板球。

技巧 12

12. 陷阱

· 处理陷阱需要在整个练习中培养进攻能力。

· 每当一名运球球员意识到两名防守球员将要犯规时，球员必须保持运球而不是接球。

· 当防守球员来到运球区域后，篮球必须放在臀部后面，远离防守球员，另一只前臂向上，以保护篮球。

· 运球球员直接背后运球，篮球放在臀部和前臂上，释放防守压力，以便运球球员传球。

· 随着防守球员接近进攻球员，运球球员可能会意识到有机会用运球将双人防守分开，这将导致防守陷入混乱局面。

· 当双人防守接近时，进攻球员不得停止运球并将篮球置于头顶。

· 当运球球员离开掩护时，球员必须知道掩护球员的位置，以便将球传给掩护球员。

· 双人防守可能会在进攻球员有机会运球之前出现，例如在全场紧逼时。当发生这种情况时，进攻球员必须意识到他的队友会在双人防守之前设法传球。

· 一旦篮球被进攻球员在双人防守的情况下传出，应设法多传一次，以便在争夺防守中轻松得分。

重点要点

· 当运球球员运球时，下巴必须向上，眼睛一直寻找身前有空位的队友。

· 当运球球员继续运球时，他必须保持低姿态——他的头必须低于防守球员的肩膀。

· 进攻球员带球后，必须迅速将球传给空位队友，而不是持球寻找空位的队友。

· 进攻球员必须在运球球员离开掩护时，看到可能发生的双人防守，然后跑到空位，高喊并举起双手要球。

· 在进攻球员运球前，双人防守出现时，进攻球员必须保护好篮球并快速传球给队友。

· 进攻球队打破双人防守的关键是把篮球从双人防守中传出来并快速得分。

MR.B PARK
THAN BASKETBALL
B PARK
THAN BASKETBALL
MORE THAN BASKETBALL
MR.B
MR.B PARK
BASKETBALL CAMP
MR.B
MORE THAN BASKETBALL

七、临场阶段

(一)控球和运球

控球和运球是至关重要的。这两项技能可以让篮球在整个比赛中合理推进。在临场阶段,球员将继续练习持球和运球,特别是在面对来自防守的强大压力时。在没有任何犹豫的情况下,模拟具有挑战性的高水平比赛环境是理想的目标。此外,利用技能为队友创造更好的角度,击破双人防守,避免不必要的运球,结合所有进攻技巧,有利于完善球队整体进攻方案,在临场阶段就掌握这项技能。

在练习中要做出快速的决策,并在一个又一个的高水平环境中做出反应。在这个级别的训练可能更多的是围绕着比赛环境,而不是训练。

技巧 1

1. 固定式控球:一个篮球

(1)练习 1:一个篮球,一个网球。

一旦球员能够从上一级别的技能中避免不必要的运球,教练可以让球员完成两个动作。球员将完成一个双交叉,而不是一个交叉。“投球—运球—接球”的模式保持不变。不同之处在于,投出网球的那只手会接球,仍然处于高手位置,让篮球从右向左移动,双交叉后在右侧结束。同样,球员将利用交叉在两腿之间和背后完成两次运球。一旦球员掌握了这项技能,可以增加缓慢的前后移动练习。

重点要点

· 平衡的防守姿态。
· 注意网球。
· 同一只手投出网球并接住。
· 大力运球。
· 努力实现零额外运球。

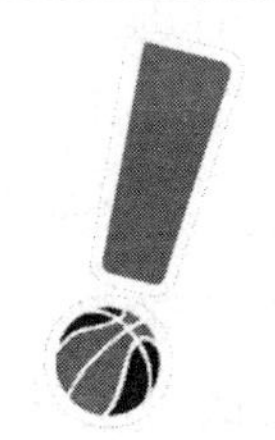

（2）练习 2：手速。

在篮球的许多领域，无论是进攻还是防守，提高手的速度都是有利的。提高手速的一种方法是控球。球员可以彼此合作，或与教练一起组队。一名球员拿着篮球，站在平衡的防守位置，面对伙伴。在进行特定技能（例如交叉）时，面对控球的球员将举起他们的一只手，示意控球球员快速轻拍那只手，同时继续练习控球技巧。教练可以指定用哪一只手，同侧、对侧，等等。他们还可以改变击球点的高度、击球的方式、控球手的技巧等。在完成控球技术的同时，真正致力于手的快速反应。

重点要点

· 保持稳固的姿态，不要晃动。
· 抬头。
· 用力运球，并在击球时保持活力。
· 快速，用适当的轻拍手。

技巧 2

2. 固定式控球：两个篮球

"8" 字运球。

下面是 "8" 字运球的另外两个变化，继续挑战手眼协调性。

同时胯下运球：这项技能具有挑战性，因为只有在误差很小的情况下才能完成。为了完成这项技能，球员从稳健的防守姿态开始，球员将同时从背后胯下运球，完成画 "8" 字，这将要求球员精准地控制篮球，特别是在腿的中心和外侧。在学习技能的同时向前进。

练习身前/背后：在相同的姿势下，球员将同时控制两个篮球，一个从身后胯下控制，另一个从身前胯下控制。基本上，一个篮球是顺时针运动，另一个是逆时针运动，一旦掌握了这项技能，就改变方向。

重点要点

· 平衡的防守姿态，不要晃动。
· 手指尖控制。
· 抬头。
· 控制速度。

技巧 3

3. 移动中运球：一个篮球

（1）位置——适当的评分；模拟比赛场景。

在这个级别，是否能应用于比赛场景是球员和球队之间的区别。对于整个比赛来说，学习每一个动作都是有益的，因为对于现场比赛来说，所有的情况都是可能发生的。了解自己所处的情况、球队的进攻范围以及如何最好地利用这些接球机会非常有价值。例如，如果一个球队在另一名球员切入该区域之前腾出空位，不仅要清楚如何找寻机会，还要了解防守来自哪里，哪些类型的移动是最有效的。在练习得分动作时，把球员放在一个他们可能会在比赛中发现自己的位置，提高他们对此技能的理解和对场内每个人的认识。鼓励球员以比赛的强度和速度执行动作。将进攻细分为2—3人，让所有球员在练习此技能的某一时刻接住篮球并做出适当的动作得分。

重点要点

- 在进攻的基础上，让移动更适合比赛情况。
- 注意比赛的强度和速度。
- 在进攻中防守。
- 在实践中练习，在比赛中应用——多维学习 / 教学。

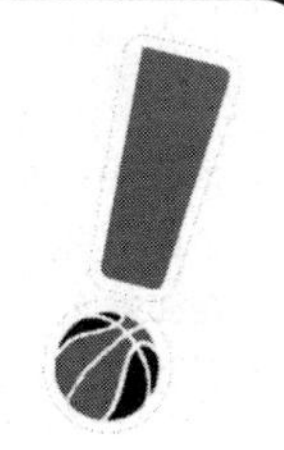

（2）在适当的时候减轻压力。

用运球减轻防守压力是一门艺术。为了避免五秒违例，需要在禁区内切入传球或角度传球，学习这项技能是必要的。

这项技能不仅是一门艺术，而且最优秀的球员应该知道如何在适当的时候缓解压力，让自己和队友完成比赛。

避免五秒违例：除了比赛后期，球员可能会发现自己处于一种可以逆转比赛的情况，但是队友没有空位。在运球的同时，如果有人严密的防守，裁判就会开始计数。这种情况下，需要这种类型的运球，以减轻压力并重置计数。可以通过向篮筐方向运球来完成，假装合规的运球，然后突然撤回，让防守球员向后移动，而进攻球员分开创造空间来完成。无论如何，这都是让防守球员措手不及的有效方法。

使用运球来创造传球路线：当球员在篮球比赛中不断进步时，总是听到人们在讨论一个简单的边路传球有多难。随着比赛水平的提高，防守球员的体型越来越大，身体越来越强壮，速度也越来越快，这使得传球的难度越来越大，也越来越依赖于时机。一个有经验的控球球员会把防守球员带到场地的一边，然后迅速改变方向，在相反的方向创造空间，以便传球。这在运球的使用中是相当常见的。如果要把它提升到一个更高的层次，就要考虑一下内线上篮时的传球难度。如果进攻球员没有利用运球在自己和防守球员之间创造空间，传球仍然很困难。当运球时，大部分时间朝着进攻球员切入来创造空间，完成传球的成功率更高。理解进攻并在实际进攻前预测两到三次切球，将使这种类型的高水平控球成为可能。

重点要点

· 了解和利用防守球员的势头。
· 了解可能发生进攻和下一次传球的地方。
· 在正确的时间和角度创建空间。
· 有目的的运球。

（3）击破双人防守。

使用运球击破双人防守会很棘手，应该在正确的情况下使用此方法。作为一个需要观察和反应的进攻球员，当两名防守球员的双人配合不太协调时，就无法共同努力封堵进攻路线，若接近进攻路线的时间较晚，就会出现恰当的时机。一个有想法的控球球员会让两名防守球员中的一名朝一个方向前进，之后完成一个越过防守的动作，在防守中加速。常见的用法是在后场对抗强压的球队，以及在掩护上对抗防守严密的球队。教练可以在训练中通过分解技巧来重现这些比赛场景。

重点要点

· 随时寻找机会。
· 用力量对抗防守球员。
· 在防守中快速、低角度运球。
· 越过防守。

（4）切进场地——转换：优势情况和二次转换。

优势情况：运球可以用来创造一种不存在的优势情况。例如，如果一名球员跑在正确的球道上，另一名防守球员在球前，对持球球员来说，这是一个切进场地的好机会，创造一个2V1的优势情况。如果控球球员不切进场地，单独的防守球员可以同时防守两名进攻球员，从而剥夺了进攻的任何优势。用运球切进场地会创造有利的局面，迫使防守球员做出决定，创造一个可行的得分机会。这样创造了一个好的传球路线，可能是一次具有挑战性的防守。

二次转换：事实上，传球总是比运球快。如果利用得当，运球也可以创造出具有挑战性的防守局面。在二次转换中，对于持球者来说，从场地的一边切入到另一边，是很难防守的。

例如，如果跑向篮筐的内线球员在球侧有一名防守球员，快速地运球切入场地可以让内线球员封堵防守球员的后方，为上篮创造一个很好的角度。此外，在运球时把场地切成两部分，可能会在背后造成2V1的局面，很多时候会为队友创造三分的机会。切入场地应该有目的性，并利用对手的防守转换。

重点要点

- 有目的性的使用，创造优势或更好的角度。
- 快速完成，否则将失去优势/角度。
- 在转换阶段要注意来自后面的球员。

技巧4

4. 移动中运球：两个篮球

（1）全场组合动作。

在全场带两个篮球跑动，在相同的技术动作中混合运球动作是合适的。允许球员在篮球场上移动时保持创造力，随时防守以做出适当的动作。鼓励球员拍打篮球，在改变速度和方向的同时用双手做出所有动作。

重点要点

- 用力运球。
- 身体放低，开始运动，爆发，停止运动。
- 抬头。
- 双手并用。

（2）运球到传球（移动）。

这是一项具有挑战性的技能，它将进攻能力的许多方面融入一个训练中。教练应该自由地在球场周围设置各种各样的场景，以加强这项技能,一个球员带着两个篮球站在半场后面,另一个球员站在篮板前。拿着两个篮球的运动员将运球到与对方相反的方向,做出改变方向的动作,背对着在篮板下的球员,朝着对方的方向运球。篮板前的球员准备“V”型或“L”型切割时计时,带篮球的球员将在进入传球之前突破罚球线。进行切入的球员将保持切入,直到控球球员处于好的位置。

使用外侧手,球员将传球到切入球员的外侧手,最好是将罚球线延伸至三分线或侧翼。保持第二个篮球,然后球员将在罚球线以外移动以直接在篮筐处得分或上拉跳投。教练可以挑战球员用两个和一个篮球进行不同的动作,带球掩护等。此外,教练可以对球员进行不同类型传球的挑战,例如“V”切、“L”切,外线传球等。根据防守球员的防守方式,让球员做出正确的反应。

重点要点

- 两个篮球和一个篮球的动作变化。
- 在传球时,让第二个球一直移动。
- 用力运球。
- 移动时保持低姿势。
- 传给切入球员的外侧手。

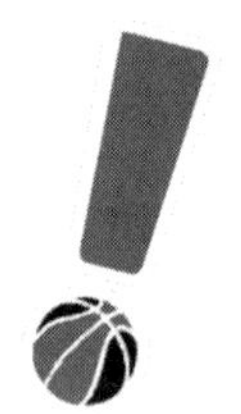

3. 防守技术

在训练中努力掌握防守技术是非常必要的,目标是将其应用到实际比赛中,尽可能减少比赛中的失误。球员需要了解球员报告并按计划执行。此外,球员需要有能力根据自己的想法进行动态调整,但也需要在现场比赛和暂停情况下接受教练的指导。在这个级别上,球员可以接受这种类型的指令并立即执行。

除了掌握以前介绍的防守技能外,下面还有一些其他技能传授。有无数的训练可以用来强化这些概念,但真正的目的是在现场比赛中应用。

技巧 1

改变角度。

中距离进攻是一项高水平的比赛技巧,改变脚的角度,能够迫使进攻球员改变方向。这在防守带球掩护是最常见的。例如,在投篮时,防守队员会根据球队的防守原则将球挡出。如果在场地的中央设置带球掩护,取决于球队如何防守带球掩护,控球的防守球员可能需要转换脚的角度,迫使进攻球员使用控球掩护朝向场地的中间。这种中场调整将允许队友根据比赛计划跑到正确的位置。

重点要点

- 队友要和防守队员交流，以便知道换脚时机。
- 根据比赛计划，在换脚时保持与进攻球员的距离。
- 在指示方向后，快速回到控球球员旁边。
- 一旦回到控球球员身边立即开始实施球队的防守原则。

技巧 2

(1)个人优势 / 弱点 V 对手的优势 / 弱点。

了解防守上的个人优势和弱点与了解对手的进攻优势和弱点同样重要。一个速度不太快的球员能在侧面防守一个速度特别快的进攻球员吗？如果防守球员了解自己的技术和局限性,并能够利用角度和队友防守进攻球员,而不是单纯地依靠速度,这是可能成功的。教练应该与球员合作,了解他们的优势和弱点,以及如何平衡对手的进攻能力、人员和倾向。理想情况下,球员应该培养防守的技能和对防守的概念,以及如何防守所有类型的进攻球员,平衡个人的优势和弱点。

重点要点

- 确保球员了解个人的优点和缺点。
- 确保球员了解个人能力来防守不同的进攻强度。
- 球员应该准备好防守所有类型的进攻球员。

(2)纪律。

在防守端保持纪律是一个球队防守稳固的必要条件。从防守球员开始,防守球员不遵守纪律的球队会受到优秀球队的打击,这将对整个球队造成不利影响。例如,当一名进攻球员投篮时,对于防守球员来说,用外侧手(与射手同侧)防守投篮是很重要的。若防守队员不守纪律,起跳防守,从而使自己对射手犯规,或者因为假动作被晃。此外,那些在球场上防守的防守球员,不断地接触到控球球员,导致犯规或者被运球突破,这会让防守的球队处于劣势,很多时候是4V5。在这个时候,抢断通常发生在防守的后防线,而不是球前。保持纪律性,在特定的方向上影响篮球,让球队的防守成型是十分重要的。

重点要点

- 注意脚、身体、手的位置。
- 不要让脚离开比赛场地。
- 用外侧手防守,减少进攻球员身体的犯规次数。

技巧 3

在比赛中调整。

在球场两端,两支球队之间的篮球比赛可以成为表演级别的国际象棋比赛。防守方面,一支球队可能会在比赛开始时用其他的防守球员将进攻球员推向底线,以防止突破。它可能有四种状态;进攻队伍可能会进行调整来对抗防守。此时此刻,教练会在比赛中做出调整,将控球球员推向不同的方向,或者更保守到补防侧,以身作则。这种调整需要球员快速改变他们进入比赛的心态。能够成功进行这类调整的球员和球队将影响比赛的结果。球员也应该能够在比赛中做出调整,而不是只遵循教练的命令。例如,如果一个带球防守球员防守时,一个进攻球员接住球并投进一个三分球,那么防守球员应该调整他们在补防侧的距离,并对进攻球员执行一个长时间的协防,将他们从三分线上逼迫出来。球员应该了解他们是如何得分的,并做出适当的调整。很多时候,教练不能向球员发出指令,尤其是当防守在场地的另一端时,这就是球员需要培养在比赛中进行调整的能力。要让球员进行自我调整。

重点要点

- 明确团队防守计划的优先级——让球员能够做出决策。
- 精确的调整指令。
- 了解球员的理解力并相应地指导。
- 对球员进行团队防守的全面指导。

（二）步法和身体控制

在各个水平中步法和身体控制都很重要,而表现水平会继续提高这些能力。目前,步法和身体控制涉及更多比赛动作速度与快速改变方向的内容。

这一水平建立在基础、引导和进阶之上。在大多数情况下对于球员来说能够成功完成目标是非常重要的。教练必须意识到,一个球员在某一点上较差的基础步法和身体控制对另一个球员来说可能并不糟糕。教练在继续教授步法和身体控制时,必须考虑到这一点。

技巧 1

1. 进攻

(1)转身。

该技能提高了球员的步法和身体控制能力。当一只脚离开地面,另一只脚用来转动身体时,就产生了一个中枢。当球员接到球时,他们可以用一次向前或反向转身来保护篮球不受对方防守,从而传球给队友或移动到篮下。一次转身可以在有或没有篮球的情况下进行,例如,在执行交叉运球或"V"型切入时,当一个球员利用他获得优势的时候也可以转身。在这个级别,我们现在在团队进攻中使用转身,比如 2V2、3V3 和 4V4。这个转身现在在不同的位置均可使用——比如在后场、边路和内线位置接球后。

重点要点

- 单脚前旋转是身体在转身时向前 180°。
- 单脚反向旋转,身体在旋转时向后 180°。
- 当一次转身完成进行进攻时,保持低位并推向篮下。
- 保持篮球靠近身体,并保持身体在篮球和防守队员之间。
- 保持低姿势,双脚张开,膝关节弯曲,臀部向下,但保持下巴、头部和眼睛向上。
- 如果你在停止时让头向前或向侧方,你可能会失去平衡。

技巧 2

(2)改变方向/速度和身体控制。

进攻球员在保持平衡的同时,利用切入快速改变方向,在他们和防守球员之间创造空间,为传球或投篮打开空间。在有或没有篮球的情况下改变速度和方向是球员的两项能力,但速度必须敏捷。改变角度而不是弧线对于提高个人能力非常重要。步长可能会随着球员和比赛环境的不同而变化,但通常较短、起伏较大的步长更有利于获得速度。在这一阶段,方向的改变强调敏捷和速度。

重点要点

- 改变方向的角度，而不是弧线。
- 往你想去的相反方向蹬脚。
- 将肩膀和脚转向你想去的方向。
- 较短，起伏较大的步法有利于提高速度。
- 改变步法时应该有所犹豫，可以假装抬头，然后用后脚快速蹬开。

2. 防守

在这个阶段，防守球员将在移动的同时调整姿态。防守队员能够滑动脚，并与试图切入到篮下的球员保持一个手臂的距离。球员应将腿移至离预定方向最近的地方，大约两英尺，再将另一只脚滑动到与肩同宽的位置。

技巧 1

正确的姿态。

适当的防守姿态应该在引导阶段引入，并在基础、进阶和临场阶段里继续提高。双脚间距要比肩膀宽，手在腰部以上，下巴向上，头部在膝关节以上的位置，不要向前倾。这将赋予防守球员向各个方向移动的能力，使其成为一名优秀的防守球员。在防守对手时，防守队员应保持防守姿势，一只手向下，防止交叉运球，另一只手向上，在传球路线上，防止传球。

重点要点

- 身体重心应均匀分布在双脚上，双脚略宽于肩部。
- 不要交叉双脚。
- 保持头部在同一高度，不要让头部上下摆动，也不要让头部在两脚之间的中点前后摆动。
- 根据球员离篮球和篮筐的距离来判断你和他之间的距离。
- 前脚不要倾斜。

技巧 2

360° 运动。

防守动作的步法要保持在篮球的位置,伸出前脚,向进攻球员的方向滑动,与进攻球员保持一个手臂距离。很多时候防守球员必须让进攻球员转身,例如在进攻球员运球的时候。在这种情况下,防守球员的脚的位置会改变。球员必须把脚放在离篮筐最近的位置,这是篮筐到篮筐的假想线,比另一只脚和手臂的距离都要远。最接近篮筐线的脚必须在运球球员的脚内,迫使对方底线运球。当你的队友没有篮球的时候,努力保持和增加你的周边视野,这样你就可以让你的队友和篮球一直在你的视线之内。为了帮助防守动作,当你的队友拿着篮球的时候,保持一只手指向篮球,另一只手指向你的队友。

重点要点

- 膝关节略微弯曲,双手放在腰部以上。
- 旋转以改变方向称为篮下强转身。
- 顶出脚,在任何 360° 的运动中移动。
- 不断移动和预测,不要站着不动。
- 移动时尽量保持头部在同一高度而不是上下摆动。

（三）传球和接球

传球和接球是篮球运动中必不可少的能力，是篮球在赛场上合规推进的必备技能。在临场阶段，传球和接球侧重于结合比赛中所有技能。理解自己和对手的团队倾向将有助于更高层次的决策，提高精确传球的能力。

技巧 1

1. 进攻

（1）通过双人防守传球。

· 从双人防守中传球是一项挑战，因为需要考虑许多变量，例如防守队员的位置、间距，进攻队员在场地上的间距，比赛的时间和比分等。下面按照位置讨论几个例子。

· 外线：对于外线球员来说，双人防守通常是在内线或者半场的防守中跑动或跳跃的情况下出现的。很多时候双人防守都是从进攻球员的背后进行的。为了方便解释，在这种情况下，防守是在边线上发生的。

· 传球越过双人防守时要考虑的几个问题是防守的时间、防守球员在球场上的位置和进攻球员的位置。

· 如果球员很晚才突破防守，那么越过双人防守直接运球传给场地中间的空位球员是最有效的。如果间距和时间适当，可能就不需要假动作，而只需要一个快速的运球传球，击破双人防守。

· 吸引两名防守球员，如果间距是正确的，同时快速移动篮球，则进攻球员可以创造有利的情况。

· 另一个有效的方法是从双人防守中创造出一个传球角度，特别是在场地中间，假朝边线或中间传球。凭借令人信服的假动作，防守球员可能会跳到空中试图阻挡传球，创造一个机会在两个防守球员之间转身，为队友打开传球路线。

·当用一个很小的空间传球时,在双人防守的情况下快速传球是必要的。

·在双人防守中,另一个有效的传球方式是绕着防守球员转身。如果双人防守从中场出发,并有冲劲向边线移动,那么使用前场转身、完全绕过防守队员、用身体保护篮筐、单手胸前传球给进攻队员的方法是非常有效的。这种类型的转身可以让进攻球员将身体放在篮球和防守球员之间,创造出一条传给队友的传球路线。前转身是首选的,从而旋转防守球员的视觉。如果使用反向转身,防守球员可以在不被发现的情况下旋转来抢断球。

·在双人防守中,耐心和从容淡定总是必不可少的。

重点要点

·意识到何时何地会出现双人防守。
·注意防守球员和队友——如果可能的话尽早传球。
·如果传球正确,吸引两名防守队员将有利于进攻。
·使用适当的假动作和转身来创造传球路线并保护篮球。
·双人防守情况下的传球完全干净利落。
·耐心和镇定。

(2)外线。

在这个级别上,双人防守将以各种方式发生,要在人或区域防守之外从中间或者顶部运球。要确定双人防守最初的来源,使用基本的3C原则:接球、收球、观察。

·感觉外线防守球员所在的位置,这表明双人防守可能来自哪个方向,或者至少可以表明后防守球员移动到哪个方向。

·出于这个解释,双人防守都是来自罚球线以外,而防守球员在篮下。

·在这种情况下,创建双人防守的人通常会有一些空间,如果没有进入预期位置,可以朝着双人防守的方向快速移动。

·如果防守队员没有晚到,那么必须在观察球场的同时保护篮球,观察场上轮换的防守球员是很有必要的。

·在许多情况下,使用反转身可以节省时间并创造空间,在双人防守的情况下有效传球。要记住,在许多情况下,侧翼对面在所有的转身之后都是开放的。

· 如果双人防守来自顶部，那么在轮换之前快速传球到顶部也可能是有效的，防守球员转身的视野至关重要。

· 使用假动作或在极少数情况下运球，转身可以帮助创造空间来完成双人防守的适当头顶传球，允许进攻球队在防守的后侧进攻。

· 就像外线比赛一样，耐心和镇定是任何球员在双人防守下完成有效传球的必要组成部分。

重点要点

· 接球、收球、观察。
· 双人防守从何而来。
· 防守球员转身的视野。
· 使用转身、假动作或在极少数情况下运球。
· 耐心和平衡。

技巧 2

基于团队 / 人员趋势的进攻防守。

全面了解防守球员和球队如何在防守端发挥作用可以帮助进攻球员和球队使用不同类型的传球来进攻得分。知道这一点，作为一个传球者，球员建立适当的角度，一个击地传球在适当的时间到达防守球员后侧。如果没有在正确的时间创建这个角度，传球很可能无法成功。

· 除了了解球队的倾向，一个伟大的传球手能理解个人的防守倾向，在进攻端创造机会。

· 例如，如果一名防守球员处于低位防守位置，而篮球位于球侧角落，不断地通过倒转调整篮球的位置，那么高位至低位的防守就有意义。

· 在此水平上，除了罚球线以外的球员应该优先识别篮球之外，位于底线的球员也应该在其发生之前识别到机会，从而进行快速有效且适当地传球。

·如果球员没有意识到机会，那么传球通道可能会很快地关闭。

·另一个很好的例子就是认识到一名防守球员经常忽略在补防侧的位置，这样可以进行后吊球或后门切入。这些机会如果在现场比赛中出现，就可成为进攻优势。

在实践中建立这些情境，以帮助球员根据防守球员的位置进行强有力的决策。通过执行比赛中的计划，并在比赛后观看录像进行反思并强化认识。如此做的目的是让球员识别优势情况，并执行在进攻之前传球的安排。

重点要点

·在现场比赛期间观察防守和防守球员的倾向——相应地进行进攻。
·创建传球角度以利用防守球员的位置优势。
·利用防守球员的位置，确定篮球应该传到哪里。

技巧 3

不看人传球。

许多教练更希望球员能够看到传球的方向，但在这个层面上，掌握“不看人”传球的技巧是必要的。不看人传球需要对篮球场有全面的了解，包括对队友传球的速度和位置的了解，以便成功地完成这样的传球。很多时候，一个理想的情况下，不看人传球出现在一个优势的情况下，例如转换时。通过观察一个方向，让防守球员思考、定格甚至移动到那个方向，会在相反的方向上打开一个传球通道。很多时候，如果在有利的情况下表现得当，一次可行的不看人传球可以直接成功上篮。

真正的不看人传球需要进攻方表现得好像他们真的在传球给某个特定的球员一样。

眼睛要会盯着目标，肢体朝着这个方向进行移动。一旦对方球员去防守这名球员，此时一个干净利落的传球传给其他的球员。就像所有的传球一样，把队友带到空位，直接把球传给对方。

重点要点

- 对球场的全面了解。
- 用眼睛、身体和动作向一个方向指引防守球员。
- 干净利落的传球并直接投篮。

技巧 4

定时精确传球。

在这个水平上,防守球员更快、更高、更强,能够适应更高级别的情况和人员。因此,传球必须精确完成,不能有太多的错误空间。下面是一些按位置划分的例子。

外线:在整个传球部分,向内线传球和向外线传球的重要性,已经说过。另一个经常被忽略的是在转换或优势情况下传球所涉及的精确度。以一个控球球员的情况为例,他的进攻队友在前面,而防守队员在防守。另一名防守球员沿着控球球员的一侧奔跑,但稍落后于全速奔跑的队友。在这种情况下,什么样的传球是合适的?很多人会说高传球,但这种传球不仅很难完成,而且很难在没有失误的情况下接住球。在这种情况下,将两个防守队员分开的长传会更有效。这种传球需要较长的时间和很高的精确度。很可能是用一只手扔出去的篮球,将两个防守队员分开,在防守球员的附近击地,以防止双手失控。它应该在进攻球员的腰部附近,直接上篮。

重点要点

- 利用任何机会完成精确传球,误差空间很小。
- 转换,击地传球比吊球更容易完成和处理。
- 用一只手传球,在防守球员脚下击地。
- 击球在队友腰部以上水平,直接上篮。

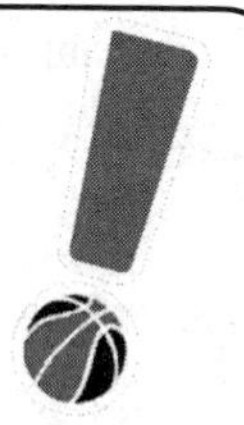

内线:应该在这个水平上掌握的高低位传球需要较长的时间和较高的精度。成为一名成功的高低位传球手的一部分就是要了解队友。例如,一个队友可能会清空球道,让传球时有更多的失误空间。另一个队友可能会放弃左边的空间,而倾向于保持一个更好的右边空间。了解这些可以帮助你在正确的时机传球。一般来说,在高位接球上,队友应该始终寻找自己的队友。摆好阵势创造一次进攻,这样防守方就无法预期这样的传球是必要的。实际在干脆的胸部传球和一个高吊球之间应该有一些接触。很多时候传球需要越过防守队员伸出的手,落在队友的手中,而不需要越过边线或在篮下过远完成上篮。最重要的还是了解整个场地,了解协防球员可能从哪里转身,引导球员远离协防侧防守球员,从而直接传给目标球员。掌握时机并准确地传球是具有挑战性的,但如果完成得当,对防守球员来说可能是一个噩梦。

重点要点

- 了解队友的倾向。
- 在进攻过程中调整。
- 了解整个场地。
- 需要高传球,但不要太高。越过防守球员的手,但不要出界。

技巧 5

通过掩护进行决策和传球。

作为一名控球球员,最重要的是得分。不管在那个时候是否有其他的进攻选择,场上的势头和动作也应该让防守球员相信得分是你们的第一意图。控球球员注意防守球员在防守掩护的同时也要注意球场上的其他部分,以清楚补防球员是如何转身的。

下面是使用传球进行进攻的不同选择,如上所述,传球是持球者的次要选择,首要意图是得分。

选项 1:作为控球手,决策过程始于肩膀与掩护球员相遇的位置。从这一点来看,防守球员如何在掩护上防守将对下一步有决定作用。在这种情况下,防守球员切换掩护,允许掩护球员移动到篮下,将一个身高较矮的球员卡在身后。控球球员必须从掩护上离开,因此产生间距和角度以完成此次传球,大多数情况下,使用击地传球。一旦确定掩护中的防守球员如何防守,整个球场的视野就变得至关重要了。在两个防守球员之间进行起跳传球,需要在正确的时间找好角度,这是控球球员的工作,将篮球从身体的一侧移动到另一侧以完成传球。在跑动中传球,直接投篮,以切断补防侧转身的机会。

选项 2:在掩护外进攻时使用这个选项:无论是陷阱、碰撞还是沟通失误,两名防守球员都与控球球员在一起。在这种情况下,设置掩护的人将识别此优势并创建空间和角度以接球,以便立即跳投或进攻篮筐。控球球员必须进攻两名防守球员,并帮助创造这个空间,同时也为抢断球员腾出时间来接球。很多时候,这个传球必须干脆地越过头部,这样在补防侧转身之前,每个人都可以得到一次投篮的机会。在其他情况下,如果被困住,可能需要一个朝向后转身来保护篮球,并提供一个可以随时得分或进攻的传球。

选项 3:这样的情况要求控球球员看到下一个防守球员(除了掩护中涉及的两个)以便做出正确的决定。使用带球掩护时,两个防守球员切换,允许个人设置滚动掩护,卡住切换的防守球员。在角落里防守进攻球员的人认识到了这一点所带来的不利因素,并跑向补防侧方。这种情况下,角球中的进攻球员应该重新定位带球球员的位置,跑动让该防守球员恢复距离更长。控球球员应该认识到这样的情况,并找到空位队友旋转出角球。同样,多次传球将直接阻断运球。

重点要点

- 从掩护开始做决策。
- 知道参与掩护和补防侧的防守球员。
- 立即创建空间和角度以完成下一次成功的传球。

技巧 6

接球：根据情况调整类型。

转身似乎没有得到充分利用，但是在这个水平上，可以有效地为得分 / 或传球创造空间。能够理解形势和进行防守，在接到传球时，同时在两个方向上移动脚步，此方法应该在这个水平上使用。下面是各位置的一些例子。

外线：当在边路接球时，进攻球员会多次使用前转身或内侧脚，确定他们对防守球员处于进攻模式。这使得进攻球员可以在给防守球员制造压力的同时，还可以在篮下创造动力。它还能让进攻球员通过运球来完成多个动作，同时也能让他们清晰地看到前方的球场。如果一个进攻方球员反向转身，防守球员没有完全过度进攻，那么防守球员就有机会干扰进攻方球员。一个进攻球员在外线接球时，想要反向转身，如果防守球员在防守被拦截的情况下表现过度，那么他就会离开位置，从而有机会进攻篮筐。在这种情况下，进攻球员将用面对球的肩膀接住篮球，最有可能在身体外侧接住篮球。在接球时，进攻球员会做一个 180° 的反向转身，然后投直线球到篮筐。这个转身让进攻球员可以利用防守球员传球的方式保护篮球。

重点要点

- 在进攻时尽可能处于攻击模式，这通常意味着前转身。
- 利用转身，移动运球并扩展球场的视野。
- 拦截防守球员，有机会利用反向转身进攻篮筐。
- 在不脱离进攻模式的情况下，应该使用反向转身创造空间。

内线：转身的使用在后期比赛中至关重要，并且取决于 3C；接球、收球、观察和整体感觉防守球员所在的位置。在低位挡拆中，一次反向的转身可以从防守球员那里获得空间，在很多情况下允许快速地转身跳投。如果前转身多次成功使用，这种类型的转身就特别有效。在这个时候，一个防守球员可能会期待前转身。使用反转身会给人一种不同的感觉，并为得分或传球创造空间。

低挡区的反向转身也可以为到达的双人防守争取时间,争取额外的一秒钟来进行传球,甚至在双人防守到达之前在相反的方向创造得分机会。

除了低位阻截外,在高位、短处或球道外的任何地方接球都是至关重要的。如果一个防守球员在打内线,一个前转身跳投是非常有效的。前转身要求冲力朝向篮筐,以获得得分机会,同时需要寻找更高百分比的场地视野或优势机会。无论是在低位还是高位,观察和感受防守球员的位置对创造稳固的进攻机会都是至关重要的。

重点要点

- 接球、收球、观察。
- 感觉防守会发生在哪里,了解比赛的方式。
- 使用适当的转身来创造投篮或传球空间。

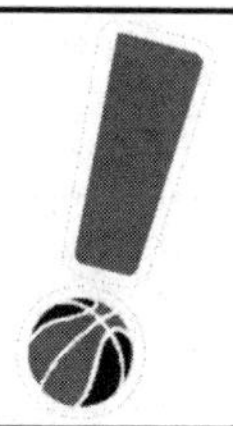

2. 防守

在篮球比赛上防守对方的时间远远超过对方防守的时间,这使抢断防守成为当务之急。在临场阶段,教学比赛中对防守的抢断运用,对篮球比赛的结果产生影响是我们所期望的,了解对方球队的进攻和人员倾向以及如何在球队防守哲学中使用抢断的关键是应用战略。

技巧 1

使用抢断来打断进攻。

使用防守可以实现的不仅仅是抢断。在这个水平上,了解进攻球队如何轻松得分是很重要的,比如场上的哪个位置,哪个球员,传球从哪里来的;等等。

举个例子,一旦球通过高位,球队的进攻将变得非常有利。拒绝高位,不允许球传出,将使进攻球队失去第一选择,潜在地创造一个更具挑战性的进攻。这种抢断并不一定会造成失误,但它可能会造成一个糟糕的投篮。在很多情况下，这就像抢断一样有效。另一个例子是，当一支进攻球队在三分线接球时，他们可能是非常有优势的，他们可以通过传球动作和良好的角度来找时机进行传球。如果一名防守队员能够在三分线外两步防住球，那么这种时机把握就会变得很困难。另一个要考虑的例子是对付一支运球很强的球队，在这种情况下，一支球队可能会选择在篮球线的上端防守进攻，让场地看起来很小，几乎没有空隙可以穿透进入篮筐。这种类型的防守是跳投或外线投篮，如果进攻球队是运球突破篮筐，这对防守球队是有利的。

重要的是要记住，很多时候比赛的细微差别没有直接显示在统计表上，但却可以改变比赛的结果。

重点要点

- 了解对方球队如何舒适地得分——使用防守来改变这种舒适度。
- 使用防守将进攻范围扩大到“正常”间距之外或摆脱进攻时机。

技巧 2

基于攻击性球员的抢断。

类似于使用抢断来破坏进攻流程，同样的方法也适用于特定的比赛人员。举个例子，一个球员可能在球场上的某个最舒服的位置接球，这种情况下得分会很高，在这个位置使用战略防守可以阻止球员接球，使一个得分手减少了舒适区，这可能会导致比赛中的得分减少，直接影响比赛成绩。以下是具体位置的例子：

外线：如果有一个进攻球员是能够突破防守并投三分球的得分手，整个进攻围绕着这个球员，那么通过让防守球员处于全力以赴的抢断位置，面对面的防守，让每次接球都变得尽可能困难，这样的调整是有意义的。

这对于进攻球员来说非常不利，并且会影响球员个人和球队的得分。

此外,抢断位置可能看起来不同,具体取决于进攻球员是三分射手还是突破的球员。如果球员是三分射手,那么抢断位置是合适的。如果球员是一个突破球员,更多的软性抢断也许是有意义的,这允许在接球时有一个缓冲来减小突破的力度。

内线:如果有一名进攻球员在右侧转向左侧肩膀准备得分时,进行战略性的调整低位抢断,这样可以让球员习惯的一侧难以接球。此外,如果进攻球员接球,防守球员在低位时可以是左侧肩膀接球。防守球员也可以使用防守位置接球,这可以使防守球员适应背向篮筐,面朝上,打乱球员的节奏。

对某些球员来说,对防守球员了解越多,战略性的防守就越有可能破坏他的进攻和得分机会。

重点要点

· 防守原则是团队防守的必要条件。根据对手球员的原则进行调整和改变会对此级别的比赛产生影响。

· 全面了解每个球员得分情况和整体倾向性,并做出相应的调整来打乱对方节奏。

技巧 3

抢断外线“L”型切入。

如果执行得当,“L”型切入的防守可能比标准的“V”型切入更具挑战性,假设接球点在侧翼,进攻球员能够在接球点更靠近防守球员的身体。进攻球员这样切入的目标是建立一个比防守球员的前脚高出一英尺,并且身体靠近防守球员的身体的动作模式,它有效地改变方向,为传球创造一个开口的机会。因此,防守球员的位置至关重要。防守球员必须尽早完成他们的工作,在传球路线上建立位置,创造一些切入的空间,保持定位在最关键的点,不能让进攻球员占据顶脚的位置。如果建立并保住这种位置,则使得进攻球员难以获得优势,这对于防止切入是理想的。在此位置也可以抢断,从而影响球员推球更远的预期效果。

重点要点

- 尽早完成自己的工作。
- 建立位置并保持切入空间。
- 不要让进攻球员赢得切入的关键位置。

技巧 4

比赛中的调整。

在这个水平的赛内调整对于团队和球员的成功都至关重要。能够快速地向个人和团队传达调整对于成功的防守很重要。应该对球员进行相应的培训,以便能够理解并快速对这些调整作出反应。做好准备训练这些类型的调整,因此在比赛最激烈的时候,这些调整术语就不是新的了。此外,当球员能够在没有教练指导的情况下进行比赛调整时,球队会开始表现得出色。鼓励教练授权球员根据人员以及球队如何有效得分做出快速决策,这种信任可以在实践中得以确立。

随着时间的推移,通过比赛情况和赛后反思,让球员能够思考和理解篮球比赛,了解赛场情况并根据团队防守理念做出反应,以影响比赛的结果。

重点要点

- 在比赛调整中有效地进行沟通——应该在比赛中实践,而不是在比赛中重新培养。
- 在实践中为这种情况做好准备,讨论可能在比赛中做出的调整。
- 与球员建立对练习/比赛情境/赛后反思的信任——赋予球员权力,因为教练不能总是将信息传递到快节奏的比赛和特殊情况中,为球员创造思考和理解篮球比赛的环境。

（四）篮板

篮板——无论是进攻还是防守——都是应该教授的基本技能。控球权更多的来自投篮不中而不是其他的方式。

1. 进攻篮板

进攻篮板的成功在很大程度上取决于球员的欲望和勇气，这比其他任何基本的篮球技能都重要。在这一阶段，技术的定义是进攻篮板的战术定位。传球——把球从你的区域和指定的进攻篮板区域传出来是战术篮板工作。

技巧 1

抓住篮球。

进攻篮板手可能会因为控球而把球从篮板上移开，有时他们不在进攻位，也不在控球位。进攻篮板手应该学会用他们的手腕和手指去抓球，而不是去击打篮球。他们还应该保持手掌朝向篮筐，以便更好地抓球。进攻篮板手必须时刻保持活力，以完成第二次和第三次进攻。许多进攻的投篮仅仅是因为篮板手不放弃，并一直付出额外的努力，直到投进篮筐。

重点要点

- 用手腕和手指抓球。
- 如果不能用双手抓住篮球，请使用运球来保持篮球活力。
- 必须准备好多次跳投，将球投进篮筐或传给队友。
- 快速起跳。

技巧 2

将篮球带出区域。

进攻篮板的移动是一个关键，尤其是从你的区域投篮失误得到篮球的时候。这是一项很棒的技能，但却是一项很少有人掌握的技能,因为这是一个需要决心的技能,并渴望得到篮球,对篮球的敏捷性高,以及对前一级别谈到的错失投篮角度的敏锐理解。一个不断移动并保持双手高于肩膀的球员有很好的机会在篮球离开你的区域时抢篮板。

重点要点

- 投篮时的移动是篮板球的关键。
- 知道投失球的角度——对位和远投。
- 快速对投失的球作出反应并跳起来抢篮板。
- 如果你不能用双手抓住篮球,将篮球推向队友或篮筐。

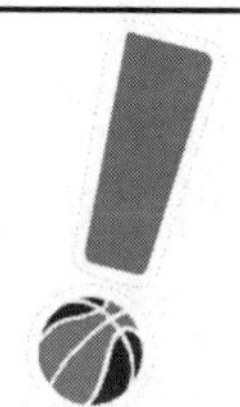

技巧 3

指定进攻篮板区。

这项技能只能在 4 级的时候完成,因为需要大量时间精力和成熟的篮球运动员才能达到进攻篮板区这一水平。这涉及进攻球员在队友投篮时到达的一个位置。虽然进攻性的篮板手可能无法到达那个位置,但是他们会向那个位置移动,这使得拦截他们变得困难。球员在球场上没有特殊的位置,但是可以指定前锋和侧翼的位置。

重点要点

- 在投篮时,进攻球员会移动到球场上的指定位置抢篮板。
- 双手应该在肩膀以上。
- 眼睛盯着篮球观察反弹的角度。
- 在准备好的篮板位置保持低位,以便抢篮板。

2. 防守篮板

防守篮板的战术定位可能包括我们在 2 级和 3 级讨论过的许多防守篮板技术,需要更多地强调这些技能,以便防守篮板手能更好地防守进攻篮板手。在这个水平的篮板中,力量是很重要的,在几个球员之间跳起来以获得篮板是至关重要的。在讨论 4 级技能时,必须有强壮的手腕,手和手指。

技巧 1

（1）模拟。

在这个练习中，有三名球员在球道区域内试图获得失球并得分。教练会投篮，球员会抢篮板。拿到篮球的球员在被其他两名球员犯规时，会走上前去试图得分。如果篮球撞到了地板上或者跑出了三秒区，那么就会被认定死球，教练就会再次投篮。打 3 个篮板球，然后下一个球员将进入练习。投中一球，投失一球。

重点要点

- 抢篮板必须非常积极。
- 球员必须能够利用良好的篮球位置获得篮球。
- 没有得到篮球的球员要试图阻止进攻球员的投篮。
- 必须能够干净地接住篮球并投篮。

技巧 2

（2）红—白篮板。

这是一个非常有进攻性的篮板练习，可以在最高水平上培养盖帽能力。在球道的肘区和底线各有两条线。篮球由其中一名底线球员抛给肘区投篮的球员。投进或未投进的球由接球的球员抢篮板并投进篮筐。两个输家去顶部，两个赢家去底部。如果每次盖帽都做对了，那这两名球员就应该一直在底线。

重点要点

- 保持低位，接触进攻性篮板手。
- 双手需要高于肩膀。
- 膝关节弯曲，以便在篮板球上获得最佳高度，从而接到篮球。
- 用臀部挡住对手的腿，这样进攻球员就很难跳起来。

（五）掩护

1. 进攻掩护

现在临场表现的掩护是更多使用战术掩护。进攻性掩护的目的是让防守球员犹豫不决，这样我方可以投篮或传球。对于每一个掩护的设置，防守球员必须决定如何保护掩护。在此级别，在设置掩护之前也可以使用误导，因为防守球员很难在掩护上进行沟通。

技巧 1

（1）战术上使用无球掩护。

· 无球掩护的高级使用包括掩护球员和使用掩护球员的结合。这两个球员共同努力，让对方防守队员犹豫不决，从而轻松得分。

· 当掩护球员将掩护设置为远离篮球时，他的眼睛注视着防守球员和他的队友，这决定他的移动方向。如果他的队友在他的掩护周围做了一个卷曲切入，那么掩护球员将在卷曲切入的对面或球员向上走以接球。

· 当掩护球员的防守球员使用掩护和碰撞来观察进攻球员的

切入时，掩护球员将“移动”到篮下。

·如果进攻球员使用掩护时，防守球员被卡到了球员的球侧，则掩护球员将设置一个闪挡掩护。掩护球员将掩护转到防守球员的外侧，因此传球将越过防守球员的顶部。

·掩护球员还可以使用“二次掩护”，即为进攻方提供第二个掩护。

·任何时候在三秒区上都有一个掩护。

·掩护球员可能会寻找多个掩护。例如，球员可以设置向下掩护，然后跨越三秒区设置交叉掩护。

·可能会有多个无球掩护。这被称为掩护掩护球员。在这种情况下，掩护可能会发生，例如掩护下方，另一个掩护球员进行掩护。这使得防守球员在防守的时候犹豫不决。

重点要点

·进攻球员不应该在他掩护的情况下盯着篮球，而应该盯着防守球员，这样他就可以根据他的防守球员对掩护的表现做出正确的决定。

·当防守球员预测到掩护并试图在其顶部进行阻拦时，掩护防守球员会将脚放在最前面并直接切入篮筐。

·当使用闪挡掩护时，掩护球员朝篮球方向转身，以掩护在掩护球侧的防守球员。进攻球员从尝试卷曲切入退一步使用掩护。

·掩护设置后，间距变得很重要。使用掩护的进攻球员必须从掩护上清除，以允许适当的间隔让掩护球员转回到篮球。

·两名进攻球员的交流与两名防守球员的交流同样重要。掩护球员必须通过语言交流或手势信号，让他的队友知道他正在为其设置掩护。

技巧 2

（2）战术上的持球掩护。

随着比赛进展到更高水平并有了更好的防守球员，持球掩护会让防守球员优柔寡断，从而完成更有效的进攻。在篮球场上设置掩护会给防守球员创造混乱局面，从而为进攻球队提供轻松的得分的机会。

·“移动”可用于篮球以及掩护之外，当掩护员为持球的队友设置掩护时，他会在两步之内将前脚站稳，并迅速转向篮筐，同时举起手叫球。掩护球员的关键是当看到他的防守球员开始防守时就会移动。

· 掩护者选择一侧掩护。如果运球球员是双人防守或碰撞掩护防守球员，则跑到底线。

· 当运球球员离开掩护时，防守球的防守球员可能会发生碰撞，因为运球球员不会转弯。在这种情况下，运球球员可以在运球时分开防守球员。

· 掩护球员可以重新掩护运球球员——设置一个掩护，然后在运球球员反转方向时转向设置另一个掩护，可以称为“扭转”。

重点要点

· 掩护球员需要跑动来设置掩护，这会使防守球员更难以防守。
· 在侧面掩护上，掩护球员需要观察防守球员。
· 当运球球员试图在运球上分开防守球员时，运球和运球球员必须保持低位，以便在前往篮筐时分开防守球员。
· 当运球球员的防守球员越过掩护顶部时，重新掩护是一个很好的选择，运球球员可以改变方向并再次使用相同的掩护。

2. 防守掩护

团队必须有一种通用方法来防守掩护，比如切换、碰撞、双重组合掩护或者越过掩护顶部。进攻性比赛将会决定防守是否会因特定进攻球员而改变。防守掩护的一般目标是保持防守，而不是陷入混乱状态。

技巧 1

（1）防守进攻球员远离篮球的动作。

· 防守球员离开篮筐时必须立即警惕可能会出现的截球。

· 防守球员必须在你的队友移动的方向上向队友发出警告，保持对掩护的警觉。

· 当进攻球员离开篮球，防守球员将保持在协防的位置上，并为任何远离篮球的掩护做好准备。

重点要点

- 防守球员必须为队友提供一个可能的掩护。
- 保持良好的协防位置，这样球外掩护对防守球员来说就会困难得多。
- 防守球员必须保持平稳的姿态，这样防守球员才能看到篮球和他的进攻球员。
- 这种类型的掩护相比起来是容易转变的。

技巧 2

（2）防守一个从侧面推进的球员。

·被掩护的防守球员应向可能的掩护球员打开空位，朝你的对手迈出一步。

·通过移动并向潜在的掩护打开，这样你可以成功避开掩护。

·如果你不能和你的队友在一起，那么空位也可以让你轻松切换到一个更好的位置，以防止掩护球员切入。

·走远可以阻止你的队友做出可能的切换，并从你的另一边切入。

重点要点

- 如果你用篮球防守进攻球员，必须意识到被掩护的可能性。
- 当篮球上的防守球员预期有一个掩护时，他必须打开掩护的一侧——把脚放在离掩护最近的地方。
- 当掩护靠近防守方时，双方防守球员之间应进行沟通。
- 防守球员必须保持头部向上，双手和双臂高于腰部。

技巧 3

（3）防止后掩护。

·一旦你的队友警告你接近的掩护，防守球员必须把底线的脚放回后方。

·防守队员可以通过开球看到篮球并对传球做出反应。

·当一个人的身体和肩膀与掩护球员垂直时，掩护起来要困难得多。

·试着把想要使用掩护的进攻球员推向拥挤的区域,在那里你有一些其他的防守球员处于协防位置。

·对于特定的进攻球员,可能有必要在他试图使用掩护时“标记”他,这样防守球员就可以站在进攻球员的背部,并与他一起离开掩护。

重点要点

· 在设置后掩护时,掩护上的防守球员必须对将要被掩护的队友大声喊出掩护。
· 防守球员在接到掩护后快速转身,这样他就可以打开来看篮球,并和进攻球员一起跑动。
· 防守球员应尽量站在后掩护的球侧,这样可以防止直接传球给进攻球员。
· 保持双手高举,这将防止后掩护将球传给进攻球员。

技巧 4

(4)防止挡拆时的转身。

·防守掩护涉及所有五名防守球员,防守球员不直接防守掩护或掩护球员处于协助掩护动作的位置。

·在掩护防守球员进行碰撞时,弱侧球员会掉下来,由掩护球员进行防守,由于碰撞的缘故,掩护将会开放一小段时间。

·在碰撞时,掩护球员的防守球员必须进行碰撞,然后再回到已经跑动或突然到开放区域的掩护球员身旁。

·如果发生侧掩护并且掩护球员在碰撞后跑动到底线,弱侧球员必须防守掩护球员并且碰撞掩护球员的防守球员将快速防守弱侧。

·当中间掩护时,底线防守球员必须有空位。如果篮球在向篮筐运球时,要在一个位置上帮助阻止突破运球。

当在球场上掩护时,没有参与掩护的三名防守球员必须准备好在运球球员使用掩护时转到篮下。

重点要点

- 不直接参与掩护的防守球员必须处于协防侧位置，以帮助阻止运球球员或掩护球员跑动到篮筐。
- 协防侧防守球员的双手和头部都要抬起来，眼睛盯着篮球和他们防守的进攻球员。
- 如果需要切换动作，则要在没有停止篮球的情况下切换，所有五个防守球员必须准备好到篮球位置。
- 防守球员的主要责任不是制造混乱局面，而是在尽可能少地轮换的情况下停止掩护行动。

molten
MR.B
MORE THAN
BASKETBALL

（六）投篮

投篮是篮球比赛的基础，因为比赛的目标是得分。虽然经常回顾正确的投篮技巧来保持肌肉记忆是很重要的，但这一阶段的重点将放在其他地方。在球员发展的这个阶段，重点应放在射手的心态、决策能力、投篮的一致性，以及通过篮球发展创造力以增加得分的能力。

技巧 1

1. 上篮：抛投

抛投是一项必要的技能。当一名球员穿过三秒区并且防守球员跑进作为一个更高或更有天赋的盖帽者的协防时，这通常很有用。在这种情况下，一次典型的上篮可能会被盖帽，这使得抛投成为一种有效的选择。

· 抛投的步法与正常的上篮相同。球员单脚起跳，膝关节与投篮手同侧上升。

· 上半身的运动是不同的。球员必须将投篮手直接向上伸出，产生的弧线高过防守球员的手。抛投篮球将比典型的上篮高出很多，因为它必须越过防守球员的手臂，达到起跳的最高点。

· 这种投篮需要不同类型的触碰，因为篮球可能会由于其较高的弧形轨迹而直接落入篮筐。情况并非总是如此，但却是最常见的。

· 这种类型的投篮应该用双手来练习。球员还应练习从不同角度攻击篮筐，并允许防守球员从不同角度介入帮助。

重点要点

· 典型的上篮步法；向上抬起并伸展。
· 越过手投球。
· 高弧度投篮。
· 计时并用双手进行投篮。

技巧 2

2. 上篮：迅速完成

比赛水平越高,球员上篮无争议的可能性就越小。为了得到上篮机会,球员将被迫在篮筐周围变得更有创造力和更迅速。有无数种方法可以围绕篮筐进行投篮。以下是一些例子：

（1）分步。

很多时候,一名防守球员会切断进攻球员进攻篮筐的机会,并进行投篮。有了这两个因素,进攻球员可以利用这一点,用一个跨步来完成上篮。

一旦防守球员切断了进攻球员的进攻,防守球员就会拿起篮球并假动作投篮。一旦球员离开场地,进攻球员将使用前转身穿过防守球员,进行一次后端防守,然后, 球员可以抬高上篮。

用身体保护篮球,并保持高度,以便迅速上篮。这种特殊的移动方式可以在拥挤的三秒区中使用并取得成功。

重点要点

- 在篮下假动作，抬起眼睛和篮球。
- 快速通过使用前转身。
- 在后端防守防守球员。
- 用身体保护篮球，保持高度。
- 快速抬高上篮。

（2）旋转。

如上所述,许多防守球员将试图切断一名进攻球员。如果球道不那么拥挤,那么防守球员会做出一个确定的动作来切断进攻方的进攻,旋转移动可能是一个很好的技巧。

当防守球员多次将手放在篮球上切下运球时,进攻球员会迅速跳起,停止再做一次艰难的运球,在内侧脚快速旋转,使篮球紧贴身体。

进攻球员旋转得越紧密越好。这将阻止防守球员恢复或移动到协防方进行调整。

从旋转中出来,球员应该找到篮筐并迅速上篮。

重点要点

- 移动前观察三秒区。
- 跳跃停止加上运球开始旋转。
- 保持篮球紧贴身体。
- 尽可能地旋转。
- 立即用眼睛找到篮筐。
- 提升上篮高度,控制场面。

(3)拉杆式投篮。

拉杆式投篮可用于创造第一次在空中起跳时可能不存在的机会。它可以完全改变方向来躲避防守球员,也可能有助于吸收与防守球员在空中的接触。

要使用拉杆式投篮来改变方向,进攻球员先起跳。当这种情况发生时,一名防守球员可能会从补防侧过来,试图对抗上篮。

当发生这种情况时,进攻球员可以在空中时将篮球拉回到肩部,并调整篮球和身体的位置以尝试利索的上篮。

·这项技能需要大量练习,才能理解如何融入所需的力量以及如何适应空中调整。此外,这项技能需要出色的球场视野和创造性思维,才能在实施之前迅速做出决定。

·使用拉杆式投篮,然后创造第二次机会,投篮也需要大量的技能和创造性的能力。当来自补防方面的防守队员来对抗上篮时,进攻球员将需要吸收肩膀内侧的接触,以便保留足够的力量来完成拉杆式投篮。

·进攻球员将展示篮球,对于防守球员来说,比赛更加鼓舞人心。一旦接触在空中被吸收,球员将再次把篮球带回肩部,让防守球员有时间下降。

·当发生这种情况时,球员将从肩膀上抬起篮球以进行上篮。很多时候,实际投篮将在进攻球员下降时发生,顺便说一句,如果进攻球员吸收了肩膀内侧的接触,身体应该保护篮球,即使在下降的过程中也要留有足够的空间成功投篮。

· 同样，这需要大量的练习。

· 这两个例子都应该练习从不同的角度攻击篮筐，补防侧从不同的角度和不同的时间来攻击篮筐。

重点要点

· 在上篮前的球场视野。
· 从各个角度进攻。
· 利用身体优势，改变方向或吸收接触。
· 保护篮球。
· 即使犯规也要完成上篮。
· 要有创意。

技巧 3

3. 射手的心态

作为一个优秀的射手，很大程度上归于一种心态。射手真的相信他们在球场上的任何地方投的任何一个球都会进，不管他们是否投丢了或者投进了。

· 这种自信并不是自负，而是在日复一日的训练中建立起来的。球员获得这种信心并开始信任自己。此外，伟大的射手都有一个短暂的记忆，这使得他们能够在比赛的最后阶段站出来投篮，无论他们在比赛中得到 30 分还是 3 分。

· 能够在关键时刻把所有东西都挡在外面是非常必要的，这也是一种随着时间发展产生的能力。在压力下的自信和镇定是后天培养获得的，就像投篮的物理机制一样。

· 作为一名教练，重要的是要了解球员的心态，要么建立在已有的基础上，要么帮助建立更强大、更自信的心态。这可以通过对话、练习，甚至是直接对该球员的口头表扬来完成。教练会按正确的方法来帮助射手。

· 射手发展出来的这种心态并不总是对球队有利。例如，球员可能在比赛中为投篮而挣扎，并且可能在他们每次触碰篮球时直接投篮。在这一点上，重要的是帮助球员摆脱这种“低迷”，同时也不会危及在特定比赛中的球队。

·鼓励球员进入篮下,或给他们一个防守任务,这样他们就能在篮球场取得一些成功。这将有助于他们摆脱糟糕的投篮,可以积极地带动球队。

像这样小的事情可以帮助射手重回正轨。再次强调,重要的是要了解球员的心态,这样才能帮助他们在为整个球队创造价值的同时,也能在个人方面取得成功。

重点要点

·通过练习帮助培养射手的心态。
·提供一种环境,让球员在获得自信的同时仍然努力变得更好。
·对球员的信任。
·理解球员的心态,加强现有的心态并帮助发展更强大的心态。

技巧 4

4. 运球:后撤步投篮

在防守球员给持球球员施加压力的情况下,后撤步投篮是一种有效的投篮方式。

·关键是让防守球员后撤,就像在半场运球时的跳投一样。进攻球员会在篮筐处进行一次(或两次)大力运球,让防守球员做出一次低位步。

·当发生这种情况时,进攻球员将内侧肩膀放入防守球员的胸部,内侧脚着地,用力向后推,形成后退。此时创造的空间越大,在防守球员恢复之前就越容易获得投篮机会。

·后退时,单脚跳最容易。注意控制向后产生的运动。重要的是要收集这种动力,然后在球员起跳的位置直线上升或略微上升。

重点要点

· 在篮筐附近进行大力的紧急运球，让防守球员紧跟在后。
· 内侧脚着地，然后紧急将脚向后退。
· 控制动力。
· 上升到投篮，适当的投篮动作。

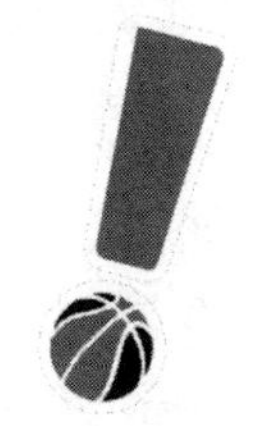

技巧 5

5. 好的投篮

作为一名伟大的射手或得分手的一部分是建立对良好投篮和逼迫投篮之间差异的理解。因为没有办法记录或经历在比赛中出现的每一种情况，并宣布哪种是一次好的投篮，哪种不是。

· 在某种程度上，这是一种球员在场上发展的“感觉”，通过经验指导、对话和对教练以及球员所在球队的评价，球员的能力会在场上得到发展。

· 在这个级别，这可以是对球员的持续评估和审查，以帮助在球员和教练之间产生信任和理解，使球员能够在符合团队进攻目标的比赛环境中做出积极的决定。

· 以下是一些在开始思考过程时要考虑的常规示例：

（1）进攻流程。

· 最好的射手往往了解整个团队进攻的所有细微差别；了解篮球的位置，队友切球和截球的时机，知道自己可能在何位置投篮。这种理解也允许射手在进攻过程中投篮。

· 例如，当试图打破区域进攻时，如果射手在第一次传球时是空位，他们很可能会在第 2 次传球时依旧空位并在空中接球。在防守轮换和进攻流畅的情况下进行投篮可以获得更好的投篮。这也有助于抢一个进攻篮板。

· 此外，进攻越有耐心，对方就越难防守。

（2）人员优势。

·团队中的球员必须了解每个队友的优势。例如，假设有两个球员，一个在篮下，一个在侧翼。如果两个人在三分线的控球转换上都有很大的空间，那么了解谁是一个更好的三分球投手是至关重要的。

·如果在罚球线以外的球员在运球时效率最高而且侧翼上的球员是纯三分射手，那么罚球线以外的球员应该向在侧翼的球员传球，以便投篮。

·这并不是说两名球员都不能投三分球，而是要充分发挥篮球场上人员的优势。

·一支球队要能够利用12名球员的各自优势，并将他们用于对抗对方球队的优势。

（3）谁的手感好？

·高水平的球员会在整个比赛过程中牢记每个人在场上两侧发生的事情。具体来说，他们关注的是谁得分最有效。

·很多时候，在比赛中，某些球员会发现自己处于许多人称之为“状态”的状态，在这时他们觉得他们可以从场地上的任何地方以任何角度投篮并且投进。

作为一个团队，如果一个队友进入这种状态，那么将球尽可能多地传给这名球员是有意义的。令人惊讶的是，这样的机会有太多次没有被利用，仅仅是因为球员没有意识到。

·这实际上意味着两件事：第一，将篮球送给手感好的球员；第二，如果手感好的球员有机会投篮，抓住机会。

（4）防守倾向。

·优秀的射手能够勾勒出球员/球队的防守趋势，他们比真正的防守球员更擅长防守。

·例如，如果某个球员在运球突破上有帮助过度的倾向，所有在场的球员都应该注意到这一点。如果那个特定的球员在转换过程中碰到了一个射手,那么运球能够突破防守的球员可能会让一个射手有机会投进三分。

另一个例子是,如果比赛中有防守球员在禁区内倾向于把头转向禁区的背面,这里射手可以偷偷到对面的三分线上,以获得更开阔的视野。这种倾向可以完成一个简单的投篮尝试,有可能改变比赛,特别是比赛可以归结为一个控球时。

(5)时间和分数。

· 教练应该能够在任何时候暂停比赛,并且球场上的任何球员都应该能够说出时间和比分。这一点在这一层面至关重要。

· 此外,除了明显的情况外,投篮选择和决策也应反映时间和得分情况,尤其是比赛后期。例如当一支球队在几秒钟内落后三分的情况下投三分球,还有其他一些情况需要考虑。

例如,如果一支球队在比赛后期领先了 15 分并且对手快速拿下 6 分,那就应该压时间而不是在第一个空位投篮,在这个例子里,压时间比在控球初期投一个空位三分球要重要得多。

· 同样,这里不能概述每种情况,但作为一名射手和正常的篮球运动员,了解时间和得分情况非常重要。

重点要点

· 持续沟通以增加对比赛情况的了解。
· 互相理解并增强对球员的信任。
· 经常在实践中练习各种情况。

技巧 6

6. 传球:更快的释放

随着防守球员能力提高,作为射手,能够相应地进行调整是很重要的。

· 一种方法是更快地投篮。其中一些可以通过了解角度和间距来实现,这让防守球员在恢复投篮时可以防守更多空间。即使一名球员可以让防守球员多走一步,这也能换来一秒宝贵的时间来帮助他投篮。

· 另一种方法是开发一个更快的方式。这在很大程度上可以通过在实际接球之前做工作来实现。这包括快速的步法,把球接低,在接到球后立即准备投篮。

· 如果所有这些在接到篮球之前就已经完成了,那么球员所要做的就是站起来投篮,这让投篮非常高效和快速。

· 重要的是要了解快速准备和步法之间的区别,但在实际投篮中不要快。球员不希望在实际投篮时仓促出手,不过进入投篮的准备可以很快。

· 这项技能必须模拟比赛速度练习,并经常反复练习。

重点要点

· 快速准备。
· 高效 / 快速的动作导致实际投篮。
· 一旦进入投篮状态，不要着急。
· 以比赛速度练习。

技巧 7

7. 更快的放球

· 对于这个级别的球员来说,要有不断地投篮的心态和期望,而不是仅仅尝试投篮。这必须在实践中发展并延续到比赛环境中。

· 从练习的角度来看,每次练习和重复都应具有竞争力。不断尝试投出完美的球,打破之前的纪录或达到新的目标是非常重要的。

· 在比赛速度上给球员施加压力是必要的,这样才能通过重复增加一致性。我们的目标应该是在一个赛季中提高每一次投篮的稳定性,在比赛中取得较高的命中率。随着比赛的进行,所有人的期望和愿望就是在练习中取得更高的命中率。

· 此外，在需要较少移动的投篮训练中，投篮命中率应该更高。

· 不断让球员变得更好，并期望在每次练习和投篮时做得更好。

· 最后，让球员在实践中进入高压状态，比如赢得比赛胜利。当他们已经处于这种状况而获得信心时，这将有助于球员在想要投篮时变得更加舒服。

重点要点

· 记录成功 / 失误：一切都应该与自己或团队竞争。
· 比赛的速度。
· 不断重复，在重复中获得一致性。
· 在实践中争取更高的命中率来解决比赛中命中率下降的问题。

技巧 8

8. 罚球：有压力的情况下（心理：想要赢球）

篮球比赛中需要注意的一个有趣的统计数据是，在比赛的最后 2 分钟，双方比分接近时，球员的罚球命中率会降低。这种情况会给球员带来很大的压力。此时，很多时候球员会奋起迎接挑战，而很多时候球员不会。

球员真的想成为罚球的那个人吗？很多罚球都是一种心态，包括冷静的准备和很强的自信以及对投篮的全力以赴。这种心态可能比罚球动作本身更重要。把球员置于这样的情况下是非常重要的。

如果投篮投不进在比赛发生之前是一个高压的情况，那么这可以在练习的情况下训练，通过练习，让球员时刻站在队伍前面罚篮。球员在这种情况下很可能会错失一些罚球机会，要帮助他们恢复信心，重新投篮，直到他们成功。随着时间的推移，队员将在这种情况下获得信心，这可能会模拟在比赛中达到的高压力的情况。

除了培养心态，每天练习罚球也很重要。肌肉记忆和正确的投篮形式应该继续成为高重复的焦点。很多时候，罚球在这一阶段被球队比赛涵盖的其他元素忽略了，但罚球在比赛中的重要性将是一直持续的。

重点要点

- 模拟比赛情况，高压力练习。
- 帮助球员培养冷静自信的心态。
- 继续专注于罚球线上的投篮技术。
- 重复练习一直很重要。

（七）团队防守

技巧 1

1. 帮助协助球员位置

· 在防守转换情况下，第一部分是在击球时处于帮助位置。

· 轮换的第二部分就是当带球的进攻球员被他的后卫击中并且正在进攻篮筐时，让己方的球员解围。这将要求防守球员接受控球或处于进攻球员放弃球的位置。

· 轮换的第三部分是覆盖由于转换而被进攻球员打开的空位，这被称为帮助协助球员。如果所有防守球员在每次传球中处于适当的位置，帮助协助球员不应该是一个大问题。

· 3V3 练习——从三个进攻球员开始——每个侧翼一个，另一个位于罚球线以外。

· 当球从顶部传递到侧翼时，防守球员将移动到球道的正确位置。

· 如果防守球员被击败，对方防守队员必须覆盖篮下的传球。

· 罚球线以外的防守球员现在必须能够帮助球员。

· 内线防守球员通常会成为帮助者，在内线球员帮助防守的情况下，协助球员位置的帮助会发挥作用。

· 当内线球员走出去帮助阻断外围的传球时，外线防守球员必须轮转以帮助进攻后场球员。

重点要点

· 所有防守球员必须传球移动——当球在空中时，传球完成后，他们要处于适当的位置。

· 防守球员应该意识到每次传球会发生什么，并准备好在必要时帮助断球。

· 当防守发生轮换时，沟通非常重要。

技巧 2

2. 全场防守情况

随着球队和球员的身心状况得到提升，有几个完整的球场情况可能会有所帮助。

· 全场区域按 1–2–1–1 可用于创建失误和陷阱，这是一种基本的压力情况。

· 正常的压力：1–2–1–1 在第一次传球时将球传到角落中，中间球员将第一传球带到边线，而对方防守球员守卫球侧肘区。后卫来到半场打中间进攻球员。

· 对这种压力进行一些调整可能会给进攻球员带来一些问题，不是立刻陷入角落，压力可以“转换”到 2–2–1 的压力。持球防守人员将退步至罚球线区域，罚球线上的防守球员将退回到半线。

正如常规陷阱一样，中后卫进入球侧边线，后卫留下来掩护长传。

· 球场上的后卫与内线球员保持在一起并且不允许该球员接球，而不是吸引他与内线球员“停留”到罚球线，继续形成 2–2–1 的压力。

· 压力也可以用相反的防守球员覆盖内线球员，他们会在角落设置陷阱时过来，保护内线球员。

· 有不同的攻击点时，可以内线的防守球员从罚球线开始，两名侧翼防守队员回到半场线，中后卫则退回到半场圈。现在陷阱区域位于半场边线区域，而不是在整个球场的角落。

· 第三种类型的攻击是将压力发送回半场线，顶级后卫从半场圈区开始，其他防守队员以同样的 1–2–1–1 落后于防守端。

重点要点

· 不同的防守压力都具有相同的 1–2–1–1 组合，但要具有不同的进攻点。
· 当传球时，处于压力中的球员必须全部移动。
· 陷阱的基础非常重要，需要反复实施以确保适当的技术。

（八）团队攻击性概念

更多地了解比赛会发现临场表现的这些概念包括进阶阶段引入的一些情况。全面了解每个球员在场上的位置，在进攻之前考虑两到三次传球并在进攻中进行额外的传球。

技巧 1

1. 一次和二次转换

· 防守队员最初可能阻止上篮，因此二次转换更有可能投进篮筐并不是这个级别的主要突破。

· 在二次转换中，当进攻间隔时，篮球应该传给空位球员。

· 如果进攻球场的右手边，球场左侧的球员应该能够接球。

· 通常情况下，当防守接近篮球时，进攻球员需要再向一个空位队友传球。

重点要点

- 篮球必须在罚球线之间的中间位置。
- 使用篮筐线（从篮筐到篮筐的想象线）作为参考点。
- 在球场中间将球场划分为两侧。
- 通常需要再传球，因为防守可以防守越过篮筐线的第一次传球而不是第二次传球。例如，从一个底线到相反的底线进行四次传球。

技巧 2

2. 了解优势 / 劣势

· 随着球员更高，更强，更快，在临场表现阶段的优势 / 劣势也变得更加复杂。进攻决策必须反应更快，进攻球员的整体意识必须提高。

· 这种更高水平进攻意识的最佳训练之一被称为“Laker 训练”，其中两个均匀划分的队伍在三条线的每个底线下排成一列。

· 在底线的一端，训练开始时一分为四，并且在防守端开始时位于底线上。

· 进攻球员攻击四名后卫试图得分，进攻球队将在任何控球变化上转换为防守——进球，篮板或失误。

· 四个防守球员中的一个将从篮板、投篮得分或球员失误中得到篮球。这名球员将在进攻转换期间与三名正在底线等待的新球员一起进攻，其他三名后卫与队友一起走到底线的末端。

· 与三名新球员一起得到篮球的球员现在转向进攻并攻击正在防守的四名进攻球员。

· 必须立刻迅速做出决定，同时能够意识到在转换中会冲刺回返的防守球员。

重点要点

- 篮球需要到达场地中间位置，运球并尽快通过场地。
- 防守球队不需要在投篮后将篮球带出界外，只需要拿到篮球并开始快攻。
- 轮换总是进攻防守，然后进入底线，除了一名后卫得球，其余三名新球员从底线进入训练。
- 进攻时必须意识到篮球和队友在球场上的位置再尝试两次传球，轻松地完成跳投。

技巧 3

3. 进攻弱侧

·在进攻防守时，弱侧的进攻球员非常重要。他们必须全面了解可能发生的事情，并认识到在投篮之前会有两到三次传球。

·弱侧进攻球员应该让防守队员保持紧张，这样他们就不会那么快地阻止篮球，并可以通过移动或交流适当地间隔开传球。

·弱侧球员试图让你的后卫转向篮球，防止他们用球帮助进攻球员。如果你的防守球员发现难以分散他的注意力，也将帮助你打开空位。

·当一个传球看起来像一次切入时，没有篮球通过对面，那么现在切入球员处于弱侧。

重点要点

- 随时随地使用你的队友掩护你的位置。
- 如果你没有得到篮球，自己可以作为队友的掩护。

技巧 4

4. 分组对抗

·在这个级别上，必须将对半场和全场进行分组训练作为练习计划的重要组成部分。

· 半场争球是必要的发展过程：常规球队犯规和防守、场内时间的平衡、比赛中特殊进攻和防守的设置。

· 全场争球也是必要的发展过程：适合的身体条件，从进攻到防守和从防守到进攻的快速反应，能适应所有变化并满足比赛条件。

· 在实践中不断进行对抗是发展团队合作的最佳机会。

· 在全场比赛期间，是展示良好自控力的机会，能对教练的呼吁作出积极的反应，认可队友的良好传球，赞扬队友的良好发挥，适应规则的调整，适应罕见的比赛情况，不要展现对队友或教练的不满。

· 一场精彩的半场混战是让一支球队保持进攻态势，直到他们输掉五个球，然后让防守球队进行五次进攻。保持分数——分数不代表控球权的失去。防守犯规可以在不失去控球权的情况下给予进攻，进攻犯规将被视为失去控球权。

重点要点

· 进攻和防守都要在分组对抗中进行。

· 如果强调进攻，那么顶线的八名球员应该在进攻上花费最多的时间，如果重点是防守，则应该在防守上重点进行训练。

· 对球员进行心理和情绪的调整，这对达到球员的最大潜力和身体状态是必要的。

· 应该在比赛前几周每天进行全场比赛训练，之后每周进行两次，直到前几场比赛结束。

技巧 5

5. 上篮与投篮

· 全场上篮——在每个球场的篮筐下面的第一条线开始，前三条线在每一端都有一个篮球。球员们快速运球，并在另一端上篮得分。球员最后在上篮时保持上篮状态，下一名没有篮球的球员抓住网上的上篮，然后运球到另一端进行上篮。目标 50 分并在一分钟内上篮得分。

·全场跳投——在球场的每个角落都有一条线,前两个球员在对角线上有一个篮球。篮球直接从球场传到第一位没有篮球的球员。球员接到来自他刚刚传球的球员的传球以进行跳投。射手停留在传球线上,传球手是篮板手并在把篮球传给该线上的球员后转到角落。在一分钟内实现 22 分的目标。

·五个位点投篮——与前一次投球相同的四个角球,一端是两条线前面的篮球,另一端是两条线的第二个球员。从一个中间人开始,转到一个角落,获得传球的角球员将球传到另一个角落进行上篮。中间球员落后于他传过篮球的角球员,从对面角落的球员接到传球,进行跳投。上篮得分的球员将落后并从另一个角落跳投得到篮球。刚刚上篮的球员现在成为中间人并朝另一个方向前进,射手在他们自己的投篮反弹后并将篮球传给前方的角球员,之后保持队形。刚刚通过篮球跳投的球员现在将以相反的方向跑,接球并传球,上篮和跳投。目标为一分钟内投进 25 个。

·完美的上篮训练——一端三条线,前两名球员一边打篮球,一边传球,篮球传球到中路然后到同一侧,再回到中间,然后到对面进行上篮。当第一个篮球进入半场时,第二个篮球就开始了,这样练习就变成了连续的训练。中间人处于与上篮位置相同的出口处,来上篮的对方球员将篮球带出篮筐,他站在边线附近以便两人的头顶传球。当他站在边线旁边时, 双手顶出传球到球场,并在该出口将一个球传递给角落另一端的下一个球员,该球员从另一侧开始练习。篮球传球完成后, 传球开始到中路,上篮得分为篮球未触及篮筐时得 2 分,而篮球接触篮筐并进场则得 1 分,错失上篮得 0 分。目标为一分钟内得到 25 分。

重点要点

- 让球员知道所涉及的技能和练习轮换。
- 在全场比赛中，之前一直用左手运球和上篮某一天换成右手。
- 在全场跳投中，三分球可以计算两分。
- 强调要在五位点训练中努力练习，让篮球从网中出来后球员立即转身成为中间球员然后向相反的方向前进。
- 在五位点投篮训练中，三分球可以计算两分。
- 在完美的上篮训练中，让球员回到训练前接触底线。
- 这些训练让球员建立了成就感，他们会在完成目标的同时互相鼓励。

技巧 6

6. 战略

·教练认为他能始终如一机智地应对对手。

·三个因素是无可替代的——正确执行基本原则，良好的条件和伟大的团队精神。

·教练需要有让他的球队具有竞争力并提高获胜概率的策略。快攻、半场进攻、区域防守、面对面防守都是可以使用的策略。

·在超时之后以及每次中场休息之后使用特定的比赛计划。

·使用掩护攻击更多是针对近距离防守或紧张的面对面防守。

·在关键区域放一名队员，以防止强烈的后攻击。

·发挥球员以及球队的优势。

·偶尔改为几分钟其他类型的防守，偶尔在进攻端使用不同的防守。

重点要点

- 培养一种最适合球员的比赛风格，让每个人都对这种风格感到满意。
- 可以模拟一个缓慢、慎重和受控制的比赛，以减缓速度并控制快攻。
- 如果需要的话，双人组成防守篮板手可以减缓球队的传球和快攻。
- 至少让两名球员回防，阻止对方转换。
- 许多策略将涉及球队和球员的球探，并可能随着赛季的进行而改变。